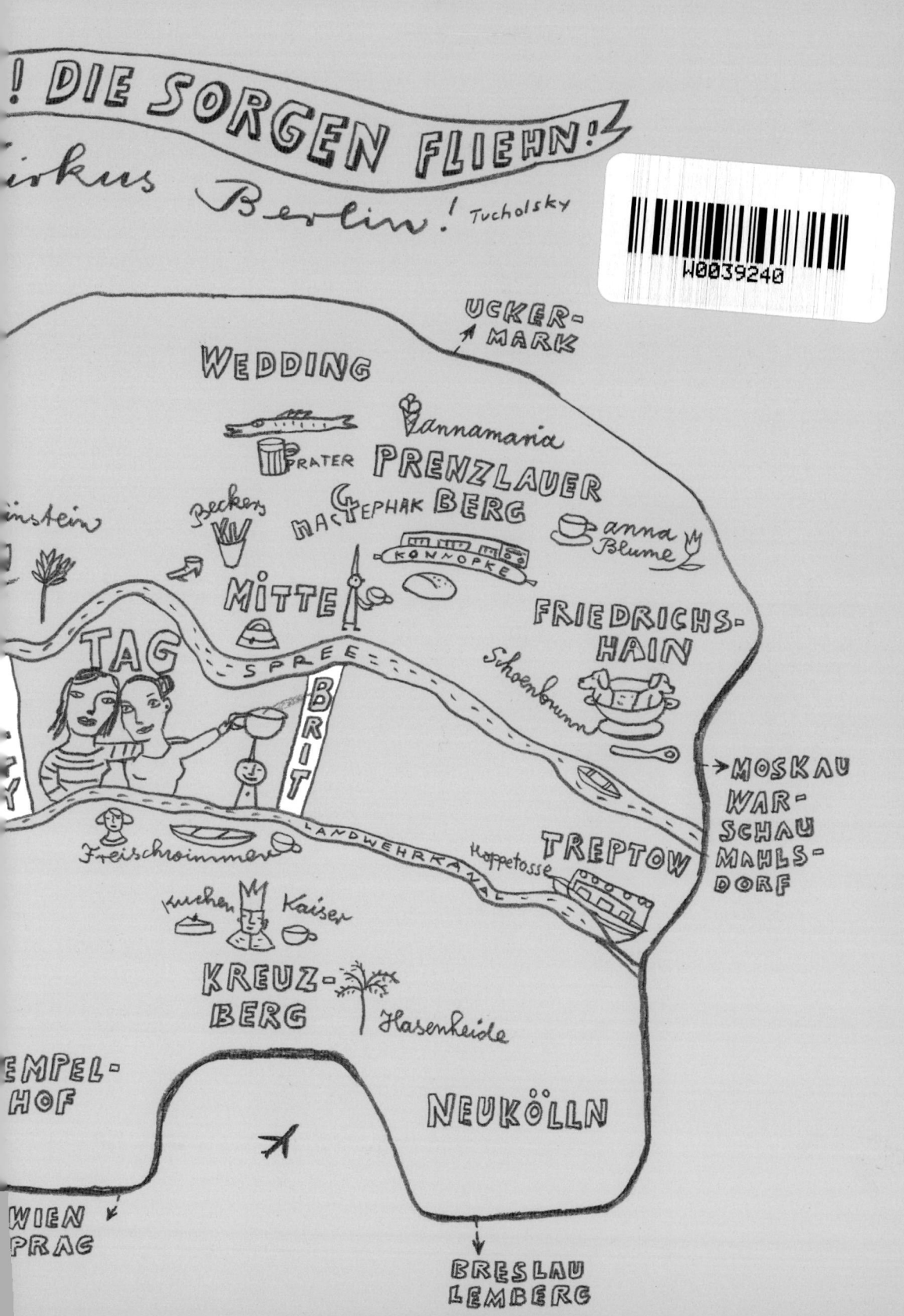

! DIE SORGEN FLIEHN!

Zirkus Berlin! Tucholsky

Kittys
Berlin-Kochbuch

Für Waltraud

© 2009 Verlagshaus Jacoby & Stuart, Berlin
Alle Rechte vorbehalten
Gesamtgestaltung: Dominique Kahane
Gesetzt aus der CorporateE
Druck und Bindung: cpi, Ulm
Printed in Germany
ISBN 978-3-941087-74-3
www.jacobystuart.de

Kittys Berlin-Kochbuch

Mit Bildern
von Kitty Kahane
und Texten und Rezepten
von Brit Hartmann
Verlagshaus Jacoby  Stuart

Kitty Kahane, geboren 1960 in Berlin, wurde an der Talentschmiede von Berlin-Weißensee ausgebildet und gehört zu den bekanntesten Berliner Künstlerinnen – als Buchillustratorin, Designerin und Malerin. Sie hat zahlreiche Bücher gestaltet und illustriert und Porzellan und Textilien durch ihr Design verschönert.

Brit Hartmann, geboren 1968 in Berlin, schreibt als freie Journalistin und Autorin für Agenturen, Dokumentarfilme und Zeitschriften. Außerdem ist sie die Schwester von Kitty Kahane, begeisterte Köchin und Literaturkennerin. Sie lebt mit ihrer Familie in Berlin.

Inhalt

Geleitwort

Der Berliner kämpft mit lausiger Bedienung, probiert Gerichte, deren Namen er nicht auszusprechen weiß und kann für wenig Geld gut und reichlich essen. Schon 1919 brachte Kurt Tucholsky es auf den Punkt: »Berlin vereint die Nachteile einer amerikanischen Großstadt mit denen einer deutschen Provinzstadt.« Wohlwollend gedeutet, macht diese Kombination den besonderen Charme der Stadt aus. Fast alles ist möglich, jedoch nur mäßig perfekt, und trotz der rüden Umgangsformen fühlt man sich immer irgendwie aufgehoben. Berlin kämmt gegen den Strich. Wie sagte so schön der regierende Bürgermeister Wowereit: »Arm, aber sexy«. Berlin die neue, alte Hauptstadt, ist die Stadt der Brüche. Berlin war Schauplatz tragischer und euphorischer Momente in der Weltgeschichte. Berlin ist Magnet und Hoffnungsträger.

Edel speisen im Abriss-Ambiente oder Currywurst mit Kartoffelsalat essen an der Imbissbude um die Ecke? Schon die Namen der Berliner Gerichte sind zuweilen phantasievoller als ihr Geschmack: Arme Ritter, Falscher Hase, Hoppelpoppel, Rollmops, Stolzer Heinrich und Strammer Max; der Aal grün ist eigentlich blau, und der dazu gehörende Gurkensalat wird mit Zucker gewürzt. Anstatt mit Wein kocht und lebt man in Berlin mit Bier. Ein weiteres Grundnahrungsmittel ist die saure Gurke. Sie kommt in Fässern aus dem Spreewald und passt vortrefflich zum trüben Himmel.

Erbspüree und Kartoffelpuffern zum Trotz wartet die historischkulinarische Lektüre mit Überraschendem auf. Da ist die Rede von Havel-Zander und Oder-Krebsen, so delikat und zahlreich, dass sich Paris per Nachtkurierzug noch gegen Ende des 19. Jahrhunderts mit den Schalentieren versorgen ließ. Am Prenzlauer Berg wuchs saurer Wein, Lieblicheres kam von Werder, der Obstinsel in der Havel vor den Toren Berlins; dort betörte Erdbeerwein junge Herzen beim Sommerball. Per Edikt wurden 1750 in preußischen Landen die ersten Kartoffelknollen an skeptische Bauern zur Pflanzung verteilt. So skeptisch mag manch ein Ostberliner 1989 auf Auberginen und Brokkoli geblickt haben.

Wer nach Überraschungen sucht, findet in dieser Stadt erstaunliche Gerichte und unterhaltsame Geschichten. In der traditionellen Berliner Küche brutzelt so allerlei: Mitbringsel aus Böhmen, Pommern und Russland, Mitbringsel der schlesischen Dienstboten und der Hugenotten. Aber die Zeiten, als Hausfrauen ganze Schweineschnauzen nach Hause schleppten, gehören der Vergangenheit an. Der Berliner bevorzugt das Bodenständige. Sowohl im

Umgang als auch im Topf. Doch der schlagfertige Berliner, der mir und mich verwechselt, und die typischen Zutaten seiner Küche sind aus der Mode gekommen. Das ist schade.

Deshalb haben wir uns mit Neugier der unspektakulären, regionalen Zutaten angenommen: der eingelegten Heringe, des Magerquarks, der Stachelbeeren oder der Blutwurst. Und wir haben auf unsere Stadt geschaut, unser Lebensgefühl befragt und schöne Worte und Orte gesammelt. Berlin ist schwer zu fassen. Was ist typisch berlinerisch? Das nicht auf Dauer Angelegte, die wuchernden Ideen, die Jugend der Stadt, der heimatliche Kiez? Eins ist jedenfalls sicher, wir gehören einer mittlerweile seltenen Bevölkerungsgruppe an, wir sind nämlich waschechte Berlinerinnen.

Halten Sie sich senkrecht und guten Appetit!

Kitty Kahane & Brit Hartmann

Guten Morgen Berlin!

Lebenslauf! Ick erwarte dir.
Der Berliner ist ein Morgenmuffel. Da hilft die Frühstückskarte bis
16 Uhr. Man rührt ausdauernd im Milchkaffee, füttert seinen Kater
mit eingelegtem Hering, trifft auf Leidensgenossen beim Zeitungs-
studium und blickt mit Gelassenheit auf eine wache Stadt.

Speckeierkuchen

Zutaten für 4 Portionen

Für den Salat
200 g Feldsalat
1 EL mittelscharfer Senf
2 EL Weißweinessig
4 EL Olivenöl
Salz, Pfeffer aus der
Mühle

Für die Eierkuchen
150 g durchwachsener
Speck
2 mittelgroße Zwiebeln
50 g Butter
6 Eier
500 ml Milch
250 g Mehl
geriebene Muskatnuss

❯ Feldsalat waschen und trockenschleudern. Senf, Essig sowie Öl verquirlen und das Dressing mit Salz und Pfeffer abschmecken. Beiseite stellen.

❯ Speck würfeln und in 1 EL schäumender Butter in einer Pfanne auslassen. Zwiebeln schälen, würfeln und zum Speck in die Pfanne geben. Bei mittlerer Hitze braten, bis die Zwiebeln goldgelb und der Speck knusprig sind. Auf Küchenkrepp abtropfen lassen.

❯ Backofen auf 120 °C vorheizen.

❯ Eier trennen. Eigelb mit Milch und Mehl zu einem glatten Teig verquirlen, mit etwas Muskatnuss, Salz und Pfeffer würzen (vorsichtig würzen, Speck kann gesalzen sein). Eiweiß mit einer Prise Salz steif schlagen und unter den Teig heben.

❯ Etwas Butter in einer beschichteten Pfanne bei milder Hitze zerlassen, ein Viertel des Teiges hineingießen und etwa 2 Minuten stocken lassen. Ein Viertel der Speck-Zwiebel-Mischung auf dem Kuchen verteilen, diesen vorsichtig wenden und auch auf der anderen Seite goldbraun backen. Im Backofen warm halten. Insgesamt 4 Eierkuchen ausbacken.

❯ Den Salat mit dem Dressing vermengen und zusammen servieren.

Variante Frischen Blattspinat kurz mit der Zwiebel-Speckmischung in der Pfanne schwenken. Sie können Zwiebeln und Speck auch durch Kräuter ersetzen, z. B. Sauerampfer und Schnittlauch. Die Eierkuchen dann nicht mit Salat reichen, sondern mit leicht gesalzenem Magerquark oder Joghurt bestreichen.

Heringssalat

Zutaten für 6 Portionen

1 Karotte
1 kleine Stange Lauch
1 Stück Sellerieknolle
200 g Kalbsnuss
1 Lorbeerblatt
3 Gewürznelken
6 schwarze Pfefferkörner
½ TL Kümmel
¼ l trockener Weißwein
Salz, Pfeffer aus der
Mühle
200 g Rote Bete
4 EL Weißweinessig
1 Prise Zucker
1 Schalotte
150 g Bismarckherings-
filets
2 TL Kapern
½ Bund fein gehackter
Dill

Für die Mayonnaise
2 Sardellenfilets
2 frische Eigelb
Saft von 1 Zitrone
1 EL rotes
Johannisbeergelee
2 EL Weißweinessig
200 ml Sonnenblumenöl
3 EL Crème fraîche

❱ Karotte, Lauch und Sellerie waschen, putzen und grob würfeln. Mit Kalbfleisch und Gewürzen in einen Topf geben, Weißwein angießen und mit Wasser auffüllen, bis das Fleisch bedeckt ist. Offen zum Kochen bringen, salzen und halb zugedeckt bei geringer Hitze etwa 40 Minuten simmern lassen. Das Fleisch im Sud abkühlen lassen, dann herausnehmen.

❱ Rote Bete waschen und schälen. In kochendes Salzwasser legen. Essig sowie Zucker dazugeben und etwa 40 Minuten garen.

❱ Schalotte schälen und fein hacken. Heringsfilets, Kalbfleisch und Rote Bete in etwa 1 cm große Würfel schneiden. In eine große Schüssel geben.

❱ Für die Mayonnaise Sardellenfilets fein hacken. Mit Eigelb, Zitronensaft, Johannisbeergelee, Weißweinessig und 4 EL Kalbsbrühe in einen Mixer geben und kräftig durchmixen. Die Masse in ein hohes Gefäß gießen und nun das Öl in feinem Strahl hinzugeben. Dabei kräftig mit einem Schneebesen schlagen, bis die Mayonnaise bindet. Eventuell mit etwas mehr Zitronensaft und Kalbsbrühe verdünnen. Crème fraîche unterziehen. Mit Salz und Pfeffer abschmecken.

❱ Die Mayonnaise unter den Salat mischen. An einem kühlen Ort mindestens 2 Stunden oder über Nacht durchziehen lassen. Kapern und Dill darüber streuen.

Saurer Hering, grüner Hering, dünner Hering, um eine Gewürzgurke gewickelter Rollmops, braun gebrutzelter Brathering in saurer Tunke. Der Hering scheint geduldig und der Berliner einfallsreich.

Katerfrühstück.

Arme Ritter mit Pflaumenkompott

Zutaten für 4 Portionen

Für das Kompott
750 g vollreife Pflaumen
1 Orange
3 EL Zucker

Für die Armen Ritter
500 ml Milch
1 Päckchen Vanillezucker
1 daumengroßes
Stück unbehandelte
Zitronenschale
Salz
3 Eier
2 Messerspitzen Zimt
4 EL Zucker
12 Scheiben Toastbrot
Butter zum Ausbacken

❯ Pflaumen waschen, halbieren und entsteinen. Orange auspressen und den Saft mit Zucker vermischen, 50 ml Wasser dazugeben und zum Kochen bringen. Die Pflaumen einlegen und etwa 2 Minuten bei schwacher Hitze köcheln lassen. Vom Herd nehmen und abkühlen lassen.

❯ Milch in einem Topf mit Vanillezucker, Zitronenschale und einer Prise Salz einmal aufkochen lassen, in einen tiefen Teller geben und beiseite stellen.

❯ Eier in einem tiefen Teller mit einer Gabel verquirlen. Zimt und Zucker gut vermischen. In einer Pfanne 1 EL Butter erhitzen.

❯ Toastscheiben nacheinander zuerst durch die Milch, dann durch die Eimasse ziehen. Kurz abtropfen lassen, anschließend in der Butter goldgelb ausbacken. Eventuell noch etwas Butter in die Pfanne geben. Die Armen Ritter mit Zimtzucker bestreuen. Sofort servieren und das Kompott dazu reichen.

Sehr berlinerisch ist die Kombination von Armen Rittern und Muckefuck. Dieser Ersatzkaffee aus gerösteter Zichorie wird mit viel warmer Milch und Flöhen, den kleinen schwarzen Punkten vom falschen Kaffeesatz, getrunken.

Zickenkäse mit Grün

Zutaten für 4 Portionen

2 kleine Eichblattsalate
500 g Erdbeeren
3 kleine Zweige Estragon
150 g Ziegenrolle

Für das Dressing
1 Schalotte
2 EL Weißweinessig
Saft von ½ Zitrone
Salz, schwarzer Pfeffer
aus der Mühle
6 EL Olivenöl

❭ Salat waschen, putzen und trockenschleudern. Erdbeeren waschen, putzen, trockentupfen und je nach Größe in mundgerechte Stücke schneiden.

❭ Estragon waschen, trockentupfen und die Blättchen nicht zu fein hacken. Die Ziegenrolle je nach Konsistenz zerbröckeln oder 1 cm dicke Scheiben abschneiden und diese in »Tortenstücke« teilen. Salat, Erdbeeren, Estragon und die Käsestückchen in einer flachen Salatschüssel anrichten.

❭ Für das Dressing Schalotte schälen und sehr fein hacken. Essig, Zitronensaft, Salz sowie Pfeffer verrühren, dann das Öl dazugeben und zum Schluss die Schalottenwürfel. Den Salat mit dem Dressing beträufeln und alles sofort servieren.

Tipp Im Berliner Umland gibt es einige hervorragende Bio-Bauernhöfe, z.B. die Ziegenkäserei Karolinenhof mit dem Wiesencafé im Havelland.

Zimtschnecken

Ergibt etwa 32 Stück

Für den Teig
500 g Mehl
1 Prise Salz
20 g frische Hefe
130 g Zucker
170 ml Milch
80 g weiche Butter

Für den Belag
30 g flüssige Butter
80 g Zucker
½ – 1 TL Zimtpulver

❱ Mehl und Salz in einer großen Schüssel vermengen. In die Mitte eine Mulde drücken, die Hefe hineinbröckeln, 2 EL Zucker darüber streuen und 2 EL Milch in die Mulde geben. Diesen Vorteig in der Mulde vorsichtig verrühren, mit einer dünnen Schicht Mehl bestäuben, die Schüssel mit einem Tuch abdecken und an einem warmen, zugluftfreien Ort 15 Minuten ruhen lassen.

❱ Die restlichen Zutaten dazugeben. Den Teig kräftig durchkneten, bis er glänzt und geschmeidig ist. Abdecken und etwa 1 Stunde gehen lassen, bis sich sein Volumen verdoppelt hat.

❱ Den Teig nochmals kurz durchkneten. Halbieren und die Teighälften auf einer bemehlten Arbeitsfläche jeweils 5 mm dick ausrollen. Die Teigplatten mit flüssiger Butter bepinseln. Zucker und Zimt vermischen und gleichmäßig auf den Teigplatten verteilen. Jeweils aufrollen und dann in daumendicke Scheiben schneiden.

❱ Die Schnecken mit reichlich Abstand zueinander flach auf ein mit Backpapier belegtes Blech geben und zugedeckt nochmals 20 Minuten gehen lassen. Am besten in der Nähe des Backofens, der nun auf 180 °C vorgeheizt wird. Die Schnecken auf der mittleren Einschubleiste etwa 15 Minuten backen. Warm servieren.

Keine Angst vor Hefeteig! Alle Zutaten sollten Raumtemperatur haben – außerdem immer mit die Ruhe (wie der Berliner raten würde). Zimtschnecken duften fantastisch, schmecken ebenso und sind bei Klein und Groß der Renner. Aber leider, leider nur ofenfrisch. Wer also nicht mit den Hühnern aufstehen mag, rührt den Teig am Vorabend an, stellt ihn abgedeckt in den Kühlschrank und rollt und backt am nächsten Morgen.

Wurst im Schlafrock

Zutaten für 6–8 Portionen

1 kleine Karotte
1 kleine Stange Lauch
1 Stück Sellerieknolle
1 kleine Zwiebel
3 Gewürznelken
1 geräucherte Brühwurst
(Schinkenkrakauer oder
Berliner Knackwurst à
350 g)
1 Lorbeerblatt
5 Pimentkörner
6 schwarze Pfefferkörner
1 Zweig Majoran
250 ml Weißwein

Für den Teig

250 g Mehl
1 Prise Salz
15 g frische Hefe
10 g Zucker
3 EL Milch
2 große Eier
100 g weiche Butter
1 Eigelb zum Bestreichen

❱ Gemüse waschen, putzen und klein schneiden. Zwiebel schälen und mit Nelken spicken. Die Wurst rundherum mit einer Gabel einstechen. Gemüse mit der Wurst, Gewürzen und Wein in einen Topf geben. 500 ml kaltes Wasser angießen, einmal aufkochen und dann etwa 30 Minuten ziehen lassen. Vom Herd nehmen.

❱ Alle Zutaten für den Hefeteig sollten Raumtemperatur haben, das ist das Geheimnis des Hefeteiges! Mehl und Salz in einer großen Schüssel vermengen. In die Mitte eine Mulde drücken, die Hefe hineinbröckeln, den Zucker darüber streuen und die Milch in die Mulde löffeln. Diesen Vorteig in der Mulde vorsichtig verrühren, mit einer dünnen Schicht Mehl bestäuben, die Schüssel mit einem Tuch abdecken und an einem warmen, zugluftfreien Ort 15 Minuten ruhen lassen.

❱ Eier verquirlen und mit der weichen Butter löffelweise dazugeben. Den Teig kräftig durchkneten, bis er glänzt und geschmeidig ist. Abdecken und etwa 1 Stunde gehen lassen, bis sich sein Volumen verdoppelt hat. Eine 26 cm lange Kastenform mit Butter ausstreichen und mit Mehl ausstäuben.

❱ Den aufgegangenen Teig kurz durchkneten. Auf einer bemehlten Arbeitsfläche etwa 3 cm dick ausrollen. Die Wurst gut abtropfen lassen und sorgfältig in den Teig einwickeln. Darauf achten, dass die Wurst gleichmäßig von Teig umhüllt ist, die Ränder gut angedrückt sind und das Paket in die Kastenform passt.

❱ Backofen auf 250 °C vorheizen. Den Teig in der Form in Ofennähe nochmals 30 Minuten gehen lassen.

❱ Eigelb mit etwas Wasser verquirlen und die Teigoberfläche damit bestreichen. Die Ofentemperatur auf 200 °C reduzieren und die Wurst im Schlafrock auf der mittleren Einschubleiste etwa 35 Minuten backen. Den Backprozess beobachten. Die Form eventuell mit Alufolie abdecken. Warm servieren.

Tipp Die abgeseihte Wurstsuppe ergibt nachgewürzt eine schnelle Trinkbrühe für kalte Tage mit Buttercroutons (Rezept Seite 46) als Einlage.

Schnell was zwischendurch

Strammer Max oder Lahmer Emil?
Temporeich geht es durch die Stadt und am Weg liegt immer eine Imbissbude. Die Currywurst ist wohl das populärste Kind Berliner Imbisskultur. Tempo war und ist Berlins Credo. Mancher schimpft diese hastige Gemütsart kulturlos. Den Tempoaktivisten mangelte es nicht an Einfällen: Erich Kästner ließ Pünktchen und Anton ins Automatenrestaurant gehen, Architekten entwarfen praktische Küchen für die moderne Hausfrau, und für den Freund von Knoblauch-Joghurt-Sauce dreht sich seit rund 40 Jahren der Dönerspieß.

Buletten und Kartoffelsalat

Zutaten für 4 Portionen

Für den Kartoffelsalat

1 kg festkochende
Kartoffeln
1 TL Kümmel
6 mittelgroße Spree-
wälder Gewürzgurken
2 kleine Zwiebeln
120 ml Gurkenwasser
6 EL Olivenöl
1 EL scharfer Senf
Salz, schwarzer Pfeffer
aus der Mühle
Paprika edelsüß
Weißweinessig nach
Belieben

Für etwa 8 Buletten

1 altbackene Schrippe
(Brötchen)
2 Zwiebeln
2 Zweige Petersilie
125 g Rinderhack
125 g Schweinehack
125 g Kalbshack
125 g feine
Bratwurstmasse
1 TL scharfer Senf
2 Eier
1 TL Tomatenmark
½ TL Paprika edelsüß
Salz, schwarzer Pfeffer
aus der Mühle
4 EL Semmelbrösel
4 EL Öl

❯ Kartoffeln waschen und in der Schale, dabei den Kümmel ins Kochwasser geben, gar kochen. Die Kartoffeln noch heiß pellen und abkühlen lassen. Anschließend in Scheiben schneiden.

❯ Gewürzgurken in dünne Scheiben und Zwiebeln in hauchdünne Ringe schneiden. Gurkenwasser, Olivenöl und Senf zu einer glatten Sauce verrühren. Mit Salz, Pfeffer und Paprikapulver würzen. Nach Belieben Weißweinessig dazugeben.

❯ Zwei große Salatschüsseln bereit stellen. In der einen die Sauce mit den Zwiebelringen und den Gurkenscheiben mischen, die Kartoffelscheiben in die zweite Schüssel geben.

❯ Die Salatsauce über die Kartoffelscheiben gießen und dann alles wieder zurück in die andere Schüssel gleiten lassen. Diesen Vorgang mehrmals wiederholen, dadurch wird der Salat behutsam durchgemischt ohne gequetscht zu werden.

❯ Mindestens 2 Stunden durchziehen lassen und je nach Saugstärke der Kartoffeln eventuell noch einmal Sauce anrühren, nachgießen und nachwürzen.

❯ Für die Buletten die Schrippe in warmem Wasser einweichen, gut ausdrücken. Zwiebeln schälen und fein würfeln. Petersilie waschen, trockenschütteln, die Blätter grob hacken.

❯ Das Fleisch in einer hohen Schüssel kräftig vermischen. Senf, Eier, Tomatenmark, Zwiebeln, Petersilie, Paprikapulver, Salz, Pfeffer sowie die aufgeweichte Schrippe hinzugeben. Die Masse gründlich miteinander verkneten. Mit angefeuchteten Händen etwa 8 Buletten formen, in Semmelbröseln wälzen. Das Öl in einer großen Pfanne erhitzen und die Buletten darin portionsweise von beiden Seiten scharf anbraten. Danach die Hitze reduzieren und die Buletten in etwa 8 Minuten fertig garen.

Buletten schmecken auch kalt und haben dann sogar einen besonderen Namen, nämlich: Radlerpastete.

Varianten Je nach Jahreszeit kann man diesen klassischen Kartoffelsalat mit frischen Gartenkräutern, Frühlingszwiebeln oder grünen Gurken bereichern. Auch hartgekochte Eier, Kapern, ausgelassene Speckwürfel, reichlich Knoblauch oder frische dicke grüne Bohnen eignen sich als Zutaten.

Kartoffelpuffer mit Apfelmus

Zutaten für 4 Portionen

Für das Apfelmus
2 kg Äpfel, auf einer
Streuobstwiese selbst
gesammelt
Saft von ½ Zitrone
Zucker und Zimt

Für die Puffer
2 kleine Zwiebeln
700 g festkochende, große
Kartoffeln
1 Ei
3 EL Mehl
geriebene Muskatnuss
Salz, schwarzer Pfeffer
aus der Mühle
80 g Butterschmalz

❭ Äpfel waschen, schälen, halbieren und vom Kerngehäuse befreien. Mit Zitronensaft beträufeln. In einen flachen Topf geben und knapp mit Wasser bedecken. Zum Kochen bringen und bei kleiner Hitze unter ständigem Rühren 5 Minuten köcheln lassen.

❭ Die Masse durch die Flotte Lotte (auch Passe-Vite genannt) drehen und mit Zucker und einem Hauch Zimt abschmecken.

❭ Backofen auf 50 °C vorheizen. Zwiebeln schälen und sehr fein hacken. Kartoffeln waschen, schälen und mit einer mittelfeinen Reibe reiben. Mit Zwiebeln, Ei und Mehl vermengen. Mit etwas Muskatnuss, Salz und Pfeffer würzen.

❭ Etwas Butterschmalz in einer großen Pfanne erhitzen. Die Kartoffelmasse portionsweise hineingeben und mit einem Holzspatel auf Handtellergröße flachdrücken. Die Puffer auf beiden Seiten goldgelb braten. Auf Küchenkrepp abtropfen lassen und im Ofen warm halten.

❭ Warm servieren und das Apfelmus dazu reichen.

Hoppelpoppel mit Whiskysauce

Zutaten für 4 Portionen

200 g Bratenreste
1 kg festkochende
Kartoffeln
1 mittelgroße Zwiebel
Butterschmalz
3 Eier
100 ml Sahne
Salz, Pfeffer aus der
Mühle
1 TL frischer Majoran
geriebene Muskatnuss
gemahlener Kümmel

Für die Sauce
50 ml Rotwein
2 EL Whisky
150 ml Rinderfond
40 g kalte Butter
etwas Zitronensaft

Außerdem
1 Schale Spreewälder
Gurken z.B. saure Gurken,
Gewürz- und Senfgurken

❱ Bratenreste in Streifen schneiden. Kartoffeln waschen, schälen und in sehr dünne Scheiben hobeln. Zwiebel schälen und fein hacken. Kartoffelhobel und Zwiebel bei schwacher Hitze in etwas Butterschmalz etwa 10 Minuten anbraten, dabei gelegentlich vorsichtig wenden. Anschließend in eine große Schüssel geben.

❱ Eier und Sahne verquirlen. Mit Bratenresten, Salz, Pfeffer, Majoran, Muskatnuss und Kümmel zur Kartoffelmischung geben, gut vermengen. Erneut etwas Butterschmalz in einer Pfanne erhitzen. Die Kartoffel-Fleisch-Mischung gleichmäßig darin verteilen und bei schwacher Hitze 4 Minuten anbraten. Die Pfanne mit einem großen Teller oder Deckel abdecken und das Hoppelpoppel stürzen, dann wieder in die Pfanne gleiten lassen und auf der anderen Seite in weiteren 4 Minuten goldbraun braten.

❱ Während das Hoppelpoppel brät, Rotwein, Whisky und Rinderfond bei schwacher Hitze um ein Drittel einkochen lassen. Die kalte Butter in kleinen Stückchen nach und nach unter ständigem Rühren hinzufügen. Mit Salz, Pfeffer und etwas Zitronensaft abschmecken. Die Sauce über das Hoppelpoppel träufeln, und die gemischten Spreewälder Gurken dazu reichen.

Hoppelpoppel ist ein bescheidenes Resteessen für den Montag aus Braten- und Kartoffelresten vom Sonntagsschmaus. Heraus kommt eine Art Bauernfrühstück: Bratkartoffeln mit Zwiebeln und Fleischstreifen übergossen mit Eiersahne. Mit einem grünen Salat ein leckeres, deftiges und sehr berlinerisches Zwischendurch. Wir stellen hier ein etwas eleganteres Hoppelpoppel vor.

Berliner Leberspieße mit Kartoffelmus

Zutaten für 4 Portionen,
ergibt etwa 12 Spieße

Für das Kartoffelmus
1 kg mehlig kochende
Kartoffeln
Salz
300 – 400 ml Milch
30 g Butter
geriebene Muskatnuss
Salz, Pfeffer aus der
Mühle

Für die Leber
4 Scheiben Kalbsleber,
insgesamt etwa 400 g
400 g Rinderlende
3 kochfeste Äpfel
200 g durchwachsener
Räucherspeck,
in Scheiben
etwa 16 Salbeiblätter
4 mittelgroße Zwiebeln
Butter, Öl
100 ml Weißwein
1–2 EL dunkler
Balsamico

❱ Backofen auf 220 °C vorheizen. Kartoffeln waschen, schälen und garen.

❱ Inzwischen die Leberscheiben von Häuten befreien und in 5 cm lange Stücke schneiden. Mit der Lende ebenso verfahren. Äpfel achteln und vom Kerngehäuse befreien.

❱ Jedes Leberstück mit einer Speckscheibe umwickeln und ein Salbeiblatt darauf legen. Auf 12 Spieße abwechselnd Leberstücke in Speck mit Salbei, Lenden- und Apfelstücke stecken. Kräftig pfeffern.

❱ Zwiebeln schälen und in Ringe schneiden. In Butter goldgelb andünsten und beiseite stellen. Die Spieße auf ein geöltes Backblech legen, etwa 15 Minuten garen. Die Leber sollte innen noch leicht rosa sein und die Lende saftig.

❱ Spieße vom Blech nehmen und in Alufolie wickeln. Den Bratensatz mit Weißwein ablöschen, die Flüssigkeit in einen Topf gießen und kurz einkochen lassen. Mit Salz, Pfeffer und Balsamico abschmecken.

❱ Kartoffeln abgießen, abtropfen lassen und durch die feine Scheibe einer Kartoffelpresse drücken. Milch erwärmen. Die benötigte Milchmenge hängt von der Kartoffelsorte ab. Das Kartoffelmus sollte nicht zu flüssig werden. Milch nach und nach unter die heiße Kartoffelmasse rühren, die Butter in Stücken untermischen. Mit Muskatnuss, Salz und Pfeffer würzen.

❱ Zwiebelringe unter die Sauce mischen. Die Fleischspieße auf einer Platte mit der Sauce übergießen, das Kartoffelmus dazu servieren.

Harte Eier mit grüner Speckstippe

Zutaten für 4 Portionen

8 Bärlauchblätter
½ Bund Schnittlauch
1 kleine Stange Lauch
2 Schalotten
200 g durchwachsener
Speck
1 EL Butter
1 EL Mehl
200 ml Kalbsfond
8 Eier
100 ml Sahne
Salz, Pfeffer aus der
Mühle

❱ Bärlauchblätter sowie Schnittlauch waschen, trockenschütteln und in Streifen oder Röllchen schneiden. Vom Lauch nur den weißen Teil verwenden, waschen und in dünne Ringe schneiden. Schalotten schälen und fein hacken. Speck würfeln.

❱ Butter in einer Pfanne erhitzen, bis sie aufschäumt. Speck darin auslassen, nach etwa 5 Minuten die Schalotten zufügen und goldgelb dünsten.

❱ Mehl dazu sieben und unter Rühren anschwitzen lassen. Mit dem Fond ablöschen und unter häufigem Rühren 10 Minuten köcheln lassen, in der Zwischenzeit die Eier in etwa 5 ½ Minuten wachsweich kochen. Abschrecken, schälen, halbieren und in einer flachen Schüssel übereinander stapeln.

❱ Sahne unter die Speckstippe ziehen, kurz aufkochen lassen und vom Herd nehmen. Bärlauch, Lauch und Schnittlauch unter die Sauce heben. Mit Salz und Pfeffer abschmecken. Die gestapelten Eier mit Sauce übergossen in einer Schüssel servieren.

»Strammer Max« wurde als Name für die deftige Speise aus Brot, Schinken und Eiern verwendet, da man sich davon eine sexuelle Leistungssteigerung versprach.

MAX & EVI

Zur Kneipe an der Ecke gehörte der Hungerturm auf dem Tresen mit Soleiern als Bierwellenbrecher, mit sauren Gurken und Rollmöpsen für Zwischendurch. Der Stramme Max, zwei Spiegeleier auf Schinkenstulle, galt als durchaus ordentlicher Imbiss im Unterschied zum Lahmen Emil, der sich nur ein Spiegelei auf Schinkenbrot gönnte.

 Pochierte Eier mit Senfsauce

Zutaten für 4 Portionen

2 EL Butter
2 EL Mehl
250 ml Milch
1 EL scharfer Senf
1 EL körniger Senf
100 ml leicht
geschlagene Sahne
Salz, Pfeffer aus der
Mühle
1 Prise Zucker
8 Eier
100 ml Weißweinessig
½ Bund Kerbel

❯ Butter im Topf zerlassen. Mehl einrühren und anschwitzen lassen. Milch angießen und unter Rühren 3 Minuten köcheln. Senf unterrühren und die leicht geschlagene Sahne unterziehen. Mit Salz, Pfeffer und etwas Zucker abschmecken. Sauce warm halten.

❯ 1 l Wasser zum Sieden bringen. Weißweinessig und eine gute Prise Salz hinzugeben. Jeweils 1 Ei vorsichtig in eine Tasse schlagen und dann in das siedende Essigwasser gleiten und in 3 bis 4 Minuten gar ziehen lassen.

❯ Kerbel waschen, trockenschütteln und die Blättchen grob hacken.

❯ Die pochierten Eier auf einem Saucenspiegel platzieren und mit Kerbel bestreut servieren.

Kalbsterrine mit Wildkräuterjoghurt

Zutaten für 4 – 6 Portionen
Terrinenform von 750 ml

4 Schalotten
2 TL Butter
2 Scheiben frisches
Weißbrot
130 ml Sahne
½ Eiweiß
100 g mageres Kalbfleisch
aus der Oberschale, gut
gekühlt
Salz, Pfeffer aus der
Mühle
1 Prise Cayennepfeffer
35 g getrocknete
Morcheln
150 ml Milch
400 ml klare Gemüse-
brühe
200 g grüner Spargel
150 ml gelierender Kalbs-
fond
½ Bund glatte Petersilie
Butter
10 g Aspikpulver oder
3 Blatt Gelatine
etwas Zitronensaft oder
weißer Sherry
500 ml Naturjoghurt
(am besten türkischen)
eine Handvoll Wildkräu-
ter, z. B. Pimpernelle,
junger Giersch (Geißfuß),
Brennnessel

❯ Schalotten, schälen und fein hacken. 1 TL Butter in einer Pfanne erhitzen, bis sie aufschäumt. Die Hälfte der Schalotten goldgelb dünsten. Beiseite stellen. Weißbrot entrinden und zerpflücken. 2 EL Sahne steif schlagen und mit dem Eiweiß, Brotstückchen und angeschwitzten Schalotten in einer Schüssel vermengen. Fleisch in dünne Streifen schneiden und unterheben. Vorsichtig mit Salz, Pfeffer und Cayennepfeffer würzen. Die Schüssel abdecken und kühl stellen.

❯ Morcheln kurz in lauwarmem Wasser einweichen, um den Sand gründlich heraus waschen zu können! Saubere Morcheln in Milch einweichen bis sie ganz aufgequollen sind. In 150 ml Gemüsebrühe etwa 25 Minuten köcheln, abtropfen lassen und in dünne Scheiben quer zum Stiel schneiden.

❯ Spargel waschen, im unteren Drittel schälen und in kochendem Salzwasser bissfest blanchieren. Unter kaltem Wasser abschrecken und abtropfen lassen.

❯ Restliche Butter erhitzen und die restlichen Schalotten andünsten. Den gelierenden Kalbsfond hinzugeben, nur kurz aufkochen lassen. Mit Salz und Pfeffer abschmecken. Abkühlen lassen.

❯ Petersilie waschen, trockenschütteln, die Blätter sehr fein hacken. Restliche Sahne steif schlagen und kühl stellen. Terrinenform mit Butter einfetten. Backofen auf 190 °C vorheizen.

❯ Die gut gekühlte Brot-Fleisch-Mischung nochmals durchmengen und zweimal durch den Fleischwolf drehen oder mit einem Universal-Zerkleinerer pürieren. Darauf achten, dass sich diese Farce nicht erwärmt. Portionsweises Pürieren ist sehr empfehlenswert.

❯ Die feine Kalbsfarce durch ein Sieb streichen und geschlagene Sahne löffelweise unterziehen. Dabei so lange mit einem Holzlöffel rühren, bis die Masse seidig glänzt. Dieser Arbeitsschritt ist für die Bindung der Terrine entscheidend. Abgekühlten, gelierenden Kalbsfond mit den Schalottenwürfeln sowie die Morchelscheibchen und die gehackte Petersilie dazugeben.

❯ Soviel Farce in die Terrinenform füllen, dass der Boden etwa 3 cm bedeckt ist. Darauf die grünen Spargelstangen verteilen, mit Farce auffüllen. Mehrmals mit der Form auf den mit einem Küchentuch geschützten Tisch aufstoßen, damit die Hohlräume gefüllt werden. So viel Farce angießen, dass der Spargel vollständig bedeckt ist. Terrinenform mit Deckel verschließen und kühl stellen.

❭ Backofen auf 190 °C vorheizen. 1,5 l kochendes Wasser in die Fettpfanne auf der mittleren Einschubleiste des Ofens gießen. Terrinenform in das Wasserbad setzen und bei 190 °C (entspricht einer Wassertemperatur von 80 °C) etwa 35 Minuten garen. Dann die Garprobe machen. Form vorsichtig öffnen. Dem Druck Ihrer Finger sollte die Terrine nur wenig nachgeben, sonst für weitere 10 Minuten wieder abgedeckt im Backofen fertig garen. Offen abkühlen lassen.

❭ Aspikpulver oder Gelatine nach Packungsanweisung einweichen. Restliche Gemüsebrühe erhitzen. Aspik oder Gelatine darin komplett auflösen. Mit einigen Tropfen Zitronensaft oder weißem Sherry verfeinern. Abkühlen lassen und kurz vor dem Gelierpunkt, gerade noch leicht fließend, über die abgekühlte Terrine gießen. Mehrere Stunden oder über Nacht an einem kühlen Ort abgedeckt ruhen lassen.

❭ Joghurt glattrühren, Kräuter waschen, trockenschütteln, hacken und untermischen. Leicht salzen. Die Terrine stürzen oder in der Form in 1,5 cm dicke Scheiben schneiden und mit einem Klecks Wildkräuterjoghurt und knusprigem Weißbrot servieren.

Tipp Terrinen machen Arbeit und erfordern Sorgfalt, lassen sich aber wunderbar vorbereiten, sind schnell angerichtet und wirklich etwas Besonderes. Frische Morcheln und grüner Spargel haben gemeinsam Saison. 100 g frische Pilze entsprechen ungefähr 10 g getrockneten Pilzen. Die Morcheln lassen sich auch gut durch 400 g frische Pfifferlinge ersetzen. Diese mit den Schalotten andünsten. Gelierender Fond ist so stark reduziert, dass er im erkalteten Zustand einem Wackelpudding gleicht. Hier kann man auf hochwertige Fertigprodukte zurück greifen.

Die Rückkehr der Suppenküche

Is doch klar wie Kloßbrühe

Lina Morgenstern war Berlins Menschenfreundin par excellence. Die Nimmermüde, von den Berlinern liebevoll »Suppenlina« genannt, gründete 1866 ihre erste Volksküche, der noch viele folgen sollten. Die Wände zierten selbstverfasste Ratschläge der Wohltäterin: »Willst du der Vernunft dein Ohr verstopfen, wird sie dich auf die Finger klopfen.« Über hundert Jahre später wurzelt der Suppenküchenboom in einer ganz anderen Art von Bedürftigkeit. Er ersetzt den emsigen Kreativen in Berlins Mitte die Betriebskantine und hält Erinnerungen an Omas Suppentöpfe wach.

Kartoffelsuppe mit Majoran

Grundrezept Hühner-brühe, ergibt etwa 1,5 l

1 küchenfertiges
Suppenhuhn, ca. 1 kg
1 Bund Suppengrün
½ TL Salz
1 TL schwarze
Pfefferkörner
1 Lorbeerblatt
1 Zwiebel, gespickt mit
2 Gewürznelken

Zutaten für 4 Portionen

600 g Kartoffeln
1 kleine Stange Lauch
1 Knoblauchzehe
1 kleine Zwiebel
3 frische Majoranzweige
4 EL Butter
200 g Pfifferlinge oder
Steinpilze
1 l Hühnerbrühe
100 ml Sahne
Salz, schwarzer Pfeffer
aus der Mühle
geriebene Muskatnuss

Für die Brühe das Huhn 2 Minuten in kochendes Wasser legen, dann kalt abbrausen und mit 2 l frischem kaltem Wasser aufsetzen. Suppengrün putzen, waschen, fein schneiden und mit Gewürzen und Zwiebel in den Suppentopf geben. Zugedeckt bei schwacher Hitze etwa 2 ½ Stunden köcheln lassen. Den aufsteigenden Schaum regelmäßig von der Oberfläche abschöpfen. Die Brühe durch ein Tuch oder sehr feines Sieb gießen, abschmecken und erkalten lassen. Eventuell die Fettschicht entfernen. Das Huhn für ein Frikassee (Rezept Seite 72) verwenden.

❯ Kartoffeln schälen, waschen und fein würfeln. Lauch waschen, putzen und in feine Ringe schneiden. Knoblauch und Zwiebel schälen und fein würfeln. Majoran waschen, trockenschütteln und die Blättchen abzupfen. Stiele aufheben. Pilze putzen, je nach Größe vierteln oder in Scheiben schneiden.

❯ 2 EL Butter in einem großen Topf erhitzen und aufschäumen lassen. Knoblauch und Zwiebel kurz andünsten, Lauch hinzufügen. Nach 1 Minute Kartoffelwürfel und Majoranstiele dazugeben und anrösten, mit 900 ml Hühnerbrühe auffüllen. Zum Kochen bringen, anschließend bei kleiner Hitze zugedeckt etwa 12 Minuten köcheln lassen.

❯ Restliche Butter in einer Pfanne erhitzen und die Pilze 6 bis 7 Minuten gut durchbraten.

❯ Die Suppe pürieren und durch ein Sieb streichen. Bei Bedarf Hühnerbrühe dazugeben, Sahne unterrühren und nochmals kurz aufkochen. Mit Salz, Pfeffer und Muskatnuss abschmecken.

❯ Die Suppe auf vorgewärmte Teller verteilen, ein paar gebratene Pilze zufügen und mit Majoranblättchen bestreut servieren.

Zwiebelsuppe mit Schusterjungen

Ergibt 8 Schusterjungen

200 g Roggenmehl
100 g Weizenmehl
½ TL Salz
20 g frische Hefe
½ TL Zucker
170 ml lauwarmes Wasser

❯ Mehl und Salz in einer großen Schüssel vermengen. In die Mitte eine Mulde drücken, die Hefe hineinbröckeln, Zucker darüber streuen und 2 EL Wasser in die Mulde geben. Diesen Vorteig in der Mulde vorsichtig verrühren, mit einer dünnen Schicht Mehl bestäuben, die Schüssel mit einem Tuch abdecken und an einem warmen, zugluftfreien Ort 15 Minuten ruhen lassen. Backofen auf 220 °C vorheizen.

❯ Das restliche Wasser dazugeben. Den Teig kräftig durchkneten, bis er glänzt und geschmeidig ist. Abdecken und etwa 1 Stunde gehen lassen, bis sich sein Volumen verdoppelt hat.

❯ Den Teig kurz durchkneten, zur Rolle formen, diese in 8 Stücke teilen und daraus quadratische Brötchen formen. Auf einem Backblech zugedeckt 15 Minuten ruhen lassen. Die Oberfläche der Brötchen mit einem scharfen Messer zweimal parallel einritzen. Die Schusterjungen etwa 20 Minuten backen.

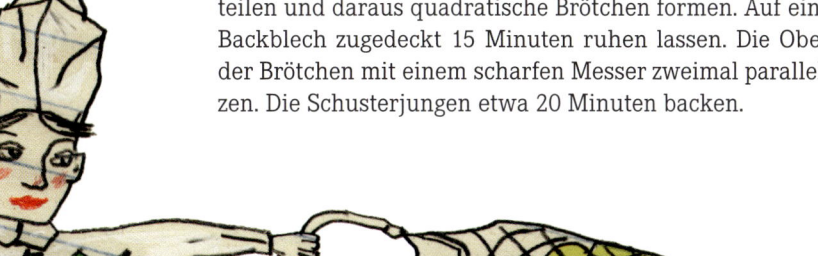

Zutaten für 4 Portionen

400 g Zwiebeln
1 Knoblauchzehe
2 EL Öl
Salz, schwarzer Pfeffer
aus der Mühle
1 Prise Zucker
1 TL Kümmel
100 ml Weißwein
1 l Rinderbrühe
1 Thymianzweig
1 Lorbeerblatt
½ Bund Schnittlauch
4 Schusterjungen
120 g Romadur
(würziger Weichkäse)

❯ Zwiebeln schälen und in dünne Ringe schneiden. Knoblauchzehe schälen und fein würfeln. Öl in einem großen Topf erhitzen, die Zwiebelringe glasig dünsten. Knoblauch beifügen. Mit Salz, Pfeffer, einer Prise Zucker und Kümmel würzen. Mit Weißwein ablöschen, Brühe angießen, Thymianzweig sowie Lorbeerblatt hinzugeben und die Suppe bei kleiner Hitze zugedeckt etwa 30 Minuten köcheln lassen. Thymian und Lorbeer aus der Suppe entfernen, mit Salz und Pfeffer nachwürzen.

❯ Backofen auf Grillstufe vorheizen.

❯ Schnittlauch waschen, trockenschütteln und in Röllchen schneiden. Schusterjungen längs halbieren. Käse in 8 Scheiben schneiden und die Brötchenhälften damit belegen. 3 Minuten unter dem Backofengrill gratinieren, bis der Käse schön geschmolzen ist.

❯ Die Zwiebelsuppe in vorgewärmte Teller füllen. Jeweils 2 Brötchenhälften in einen Teller gleiten lassen. Mit Schnittlauchröllchen bestreuen und sofort servieren.

Brühe mit Klößchen und jungem Gemüse

Grundrezept Rinderbrühe, ergibt etwa 2 l

500 g Suppenfleisch
500 g Markknochen
1 Zwiebel
1 Bund Suppengrün
2 Lorbeerblätter
2 Thymianzweige
1 Rosmarinzweig
Salz, schwarzer Pfeffer
aus der Mühle

Für die Brühe Fleisch und Knochen 2 Minuten in kochendes Wasser legen, kalt abbrausen und mit 3 l frischem kalten Wasser aufsetzen. Zwiebel halbieren, die Schnittflächen auf einer heißen Herdplatte oder im Topf kurz anbräunen, dann die Zwiebelhälften mitsamt Schale zufügen.

❱ Suppengrün putzen, waschen, sehr klein schneiden und mit den Kräutern in den Suppentopf geben. Zugedeckt bei schwacher Hitze etwa 3 ½ Stunden köcheln lassen. Den aufsteigenden Schaum regelmäßig von der Oberfläche abschöpfen.

❱ Das Fleisch herausnehmen, die Brühe durch ein Tuch oder sehr feines Sieb gießen, mit Salz und Pfeffer würzen und erkalten lassen. Eventuell die Fettschicht entfernen.

Zutaten für 4 Portionen

Für die Suppe
3 Karotten
400 g erntefrische
Zuckerschoten
1 Kohlrabi
200 g Blumenkohl
1 Stange junger Lauch
1 Staudensellerie
1 kleine Fenchelknolle
1 Bund Liebstöckel
300 g Tomaten
1,5 l Rinderbrühe

Für etwa 25 Klößchen
½ Bund glatte Petersilie
1 EL Butter
3 EL Sahne
1 Ei
geriebene Muskatnuss
½ TL Paprika edelsüß
2 EL Semmelbrösel
1 EL Weizengrieß
2–3 EL Mehl
Salz, Pfeffer aus der
Mühle

❯ Gemüse und Kräuter putzen und waschen. Karotten in Scheiben schneiden, Kohlrabi in feine Stifte, Blumenkohl in Röschen teilen, Lauch in Ringe schneiden, Staudensellerie in Scheiben, Fenchelknolle halbieren, den Strunk entfernen und die Hälften in feine Streifen hobeln.

❯ Liebstöckel trockenschütteln, Blätter fein hacken. Die Haut der Tomaten über Kreuz einritzen, auf einer Schaumkelle kurz in kochendes Wasser tauchen, häuten und entkernen. Das Fruchtfleisch würfeln und abtropfen lassen.

❯ Die Rinderbrühe in einem großen Topf zum Kochen bringen. Alle Gemüsesorten bis auf die Zuckerschoten hineingeben. 10 Minuten zugedeckt köcheln lassen.

❯ Inzwischen für die Klößchen Petersilie waschen, trockenschütteln und sehr fein hacken. Butter in einer kleinen Kasserolle schmelzen. Vom Herd nehmen, mit Sahne, Ei, Petersilie und den Gewürzen verquirlen. Semmelbrösel, Grieß und Mehl unterrühren. Die Masse sollte einen klebrigen Teig ergeben.

❯ Mit einem Teelöffel kleine Klößchen abstechen und mit angefeuchteten Fingern über dem Topf abstreichen. Die Zuckerschoten vorsichtig einrühren.

❯ Die Brühe etwa 1 Minuten leise köcheln lassen bis die Klößchen nach oben steigen, dann noch 3 Minuten ziehen lassen. Mit Salz und Pfeffer würzen, mit Liebstöckel bestreuen und servieren.

 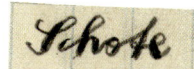 

Tipp Eine Handvoll Borretschblüten, strahlend blau zwischen den Klößchen, werden auch den stärksten Gemüsemuffel überzeugen.

Linsensuppe mit Knackern und Pflaumen

Zutaten für 4 Portionen

200 g braune
Tellerlinsen
2 Karotten
1 Stange Lauch
1 kleine Sellerieknolle
5 kleine Kartoffeln
1 Zwiebel
2 EL Butter
150 g geräucherter Bauch-
speck mit Schwarte
1 Lorbeerblatt
1 Thymianzweig
150 g entsteinte
Backpflaumen
4 Berliner Knacker
Salz, schwarzer Pfeffer
aus der Mühle
2 EL Rotweinessig

Außerdem
Frisches Krustenbrot
scharfer Senf

❱ Am Vortag Linsen in kaltem Wasser über Nacht einweichen, das Wasser abgießen. Gemüse putzen, waschen und klein schneiden. Zwiebel schälen und fein hacken. Butter in einem Suppentopf erhitzen. Gemüse und Zwiebel darin andünsten, mit 1½ l Wasser auffüllen.

❱ Linsen, Speck am Stück, Lorbeerblatt, Thymian und Backpflaumen hinzufügen. Würste mehrmals mit einer Gabel einstechen und zugeben. Den Eintopf zugedeckt bei schwacher Hitze etwa 45 Minuten köcheln lassen.

❱ Lorbeerblatt und Thymianzweig entfernen. Nach Belieben auch das Speckstück herausnehmen. Mit Salz und Pfeffer würzen und den Essig unterrühren.

❱ Dazu frisches Krustenbrot reichen und scharfen Senf für die Würste auf den Tisch stellen. Wer es besonders deftig mag, wird sich vom Bauchspeck bedienen.

Tipp Der Eintopf schmeckt wiederaufgewärmt noch mal so gut. Geräucherte Kochwürste sind ein Muss für jede braune Linsensuppe, in Berlin heißen sie Knacker.

Klare Fischsuppe mit Hechtklößchen

Zutaten für 4 Portionen

½ Bund Dill
40 g frische
Meerrettichwurzel
1 l Fischfond
100 ml Apfelwein aus
Werder (leicht lieblich)
200 g Hechtfilet
ohne Haut
100 ml Sahne
½ Eiweiß
100 g Crème fraîche
½ TL Zitronensaft
Salz, Pfeffer aus der
Mühle

Außerdem
frischer Meerrettich

❱ Dill waschen, trockenschütteln, die zarten Triebe fein hacken. Meerrettich schälen und grob reiben. Fischfond mit Apfelwein, Dillstängeln und Meerrettich 20 Minuten köcheln lassen. Durch ein Sieb gießen und zurück in den Topf füllen.

❱ Hechtfilet klein schneiden und kurz ins Tiefkühlfach legen. Sahne halbsteif schlagen und kühl stellen. Die sehr kalten Fischstücke mit einem Universal-Zerkleinerer zerhacken und erneut kühl stellen. Fischeiweiß ist sehr wärmeempfindlich! Aus diesem Grund sollte die weitere Verarbeitung auch in einem Eiswasserbad geschehen. Hierfür eine große Schüssel mit Eiswürfeln füllen und eine gekühlte Metallschüssel mit 1 l Fassungsvermögen in dieses Eisbad stellen.

❱ Die Fischmasse durch ein Sieb in die Metallschüssel streichen. Eiweiß, Crème fraîche, halbsteife Sahne und Dill mit einem Holzlöffel unterarbeiten. Mit Zitronensaft, Salz und Pfeffer würzen. Es sollte eine feine, glatte Masse entstehen. Kühl stellen.

❱ Eine Tasse mit kaltem Wasser und zwei Teelöffel bereit halten. Von der Fischmasse mit einem Teelöffel Klößchen abstechen, mit dem zweiten Teelöffel in die leise köchelnde Suppe befördern. Jedesmal die Löffel zuvor in kaltes Wasser tauchen. Die Klößchen in etwa 4 Minuten gar ziehen lassen. Die Suppe mit Salz und Pfeffer abschmecken, eventuell hauchdünne Meerrettichhobel beigeben.

1897 – erstes Berliner Automatenrestaurant

Zur Haushaltsausstattung der feinen Leute gehörte ein Satz Hechtklößchengabeln in Silber für 12 Personen, einmal wöchentlich poliert von Dienstmädchen – alles arme Töchter vom Land. Mit einem Pappkoffer kamen sie am Stettiner Bahnhof an und gingen in Stellung. 1905 zählte man in Berlin und den angrenzenden Vororten rund 148.000 Dienstmädchen. Ein hartes Brot: Schlafen auf dem Hängeboden überm Korridor, ständige Kontrolle und Verfügbarkeit, aufdringliche Dienstherren, aber eine Chance, der ländlichen Armut und Enge zu entkommen.

Ich lache.
Die Löcher sind die
Hauptsache
An einem Sieb.

Ich habe dich so lieb.
Ringelnatz

Kaltes Rhabarbersüppchen

Zutaten für 4 Portionen

Für die Kaltschale
600 g Rhabarber
150 g Zucker
150 ml Erdbeerwein
aus Werder
40 g Perlsago
1 TL Zitronensaft
200 g Erdbeeren

Für die Vanillesauce
3 Eigelb
3 EL Zucker
250 ml Sahne
1 Vanilleschote

❯ Rhabarber waschen, abziehen und in 3 cm lange Stücke schneiden. In einer Schüssel mit Zucker vermischen und 30 Minuten ziehen lassen. 500 ml Wasser zum Kochen bringen, die Rhabarber-Zucker-Mischung sowie den Erdbeerwein hineingeben und 12 Minuten köcheln lassen.

❯ In einem separaten Topf 300 ml Wasser zum Kochen bringen. Perlsago einstreuen und etwa 10 Minuten ausquellen lassen. Durch ein Sieb abgießen, zum Rhabarber geben und bei schwacher Hitze weitere 4 bis 5 Minuten kochen. Die Kügelchen dürfen sich nicht auflösen, sie sollen weich und transparent sein, aber noch Form haben. Mit Zitronensaft abschmecken. Abkühlen lassen.

❯ Für die Vanillesauce Eigelb und Zucker mit dem Handmixer schaumig schlagen, bis die Masse fast weiß ist. Sahne aufkochen, vom Herd nehmen. Vanilleschote aufschlitzen und das Mark in die Sahne geben. Die leer gekratzte Schote zufügen und 10 Minuten ziehen lassen.

❯ Die Sahne durch ein Sieb in die Eigelb-Zucker-Masse seihen, in ein Wasserbad stellen. Bei mittlerer Hitze und unter ständigem Rühren eine sämige Sauce herstellen. Ist die gewünschte Konsistenz erreicht, wieder durch ein Sieb gießen und erkalten lassen.

❯ Erdbeeren waschen, verlesen und vom Stielansatz befreien. Je nach Größe in Stücke oder Scheiben schneiden in tiefen Tellern auslegen. Die Rhabarberkaltschale darüber verteilen und jede Portion mit einem Klecks Vanillesauce servieren.

Omas Holundersuppe mit Pomeranze

Zutaten für 4 Portionen

1 unbehandelte
Pomeranze (Bitterorange)
300 ml Rotwein
⅓ Zimtstange
2 Gewürznelken
1 TL brauner Zucker
800 g Holunderbeeren
2 Schrippen (Brötchen)
1 EL Butter
200 ml Sahne
1 Prise Cayennepfeffer

❯ Pomeranze gründlich waschen und ungeschält in 1,5 cm dicke Scheiben schneiden. 500 ml Wasser mit Rotwein, Gewürzen, Zucker und Pomeranzenscheiben zum Kochen bringen. Dann bei schwacher Hitze zugedeckt 20 Minuten köcheln lassen.

❯ Holunderbeeren waschen und entstielen. Den Rotweinsud durch ein Sieb abgießen und die Holunderbeeren hineingeben. 10 Minuten köcheln lassen.

❯ Für die Buttercroutons Schrippen in kleine Würfel schneiden und in der Butter goldbraun rösten.

❯ Sahne unter die Suppe rühren, kurz aufkochen lassen und mit einer Prise Cayennepfeffer abschmecken. In vorgewärmte Teller verteilen und mit Buttercroutons bestreuen.

Tipp Pomeranzen sind Bitterorangen. In alten Berliner Kochbüchern findet man sie oft. Natürlich darf hier auch eine unbehandelte Orange zum Einsatz kommen. Der Berliner spricht von der Landpomeranze angesichts junger Frauen aus der Provinz. Man sollte wissen, dass die Provinz jenseits der Stadtgrenze liegt.

Berlin am Wasser

Fischers Fritze fischt frische Fische

Wasser scheint den Berliner zu beruhigen. Er angelt, picknickt, lässt
die Seele baumeln. Auf der Fischerinsel zwischen Friedrichsgracht
und Köllnischem Markt, gar nicht weit vom Berliner Schloss, war
jahrhundertelang die Armseligkeit zu Hause. Hier lebten Binnen-
schiffer mit ihren Familien, hier lagen ihre Kähne, hier handelte man
mit Fischen, hier traf man Heinrich Zille in seinem Lieblingslokal
Zum Nussbaum in der dunklen Fischerstraße. Bomben und Abriss
zerstörten den Altberliner Fischerkiez, die Freude an Wasser und
Hering blieb.

Gebratener Zander mit Spargelsalat

Zutaten für 4 Portionen

Für den Salat
1 Schalotte
1 Bund Kerbel
2 EL Apfelessig
1 EL Sahne
1 EL milder Senf
4 EL Walnussöl
Salz, schwarzer Pfeffer
aus der Mühle
1 kg Beelitzer Spargel
1 Prise Zucker
1 TL Butter

Für den Fisch
4 Zanderfilets
mit Haut à 150 g
Öl zum Braten

❱ Backofen auf 190 °C vorheizen. Schalotte schälen und sehr fein würfeln. Kerbel waschen, trockenschütteln, die Blättchen fein hacken. Aus Essig, Sahne, Senf und Walnussöl ein sämiges Dressing rühren. Mit Salz und Pfeffer abschmecken.

❱ Spargel schälen und holzige Enden großzügig abschneiden. Reichlich Salzwasser zum Kochen bringen, Prise Zucker, Butter und Spargel hineingeben. Die Hitze auf mittelstark reduzieren und den Spargel zugedeckt etwa 15 Minuten garen. Er sollte nicht zu weich werden.

❱ Inzwischen den Zander zubereiten. Die Fischfilets waschen, trockentupfen, salzen und pfeffern, die Hautseite mit einem sehr scharfen Messer mehrmals einritzen. Etwas Öl in einer feuerfesten Pfanne erhitzen. Die Fischfilets auf der Hautseite etwa 4 Minuten scharf anbraten. Danach im Backofen auf der untersten Schiene nochmals 7 Minuten garen.

❱ Die Spargelstangen aus dem Sud nehmen, abtropfen lassen und auf einer vorgewärmten Platte anrichten. Die Schalottenwürfel und den Kerbel unter das Dressing ziehen und den Spargel damit übergießen. Den Zander mit der Hautseite nach oben servieren. Dazu passt frisches Krustenbrot.

Vor 100 Jahren wurden Havelzander, Havelaal und Havelkrebse in unvorstellbaren Mengen als Delikatessen für die unersättliche Metropole Berlin frisch gefangen. In der Havel, den angrenzenden Nebenflüssen und den Seen im Berliner Umland gab es Zander im Überfluss. Der besonders feine Sand auf dem Gewässergrund ist Lebensraum vieler Kleintiere und bietet damit die besten Bedingungen für Zander, Wels und Hecht. Brandenburg verfügt über rund 20.000 Kilometer Fließgewässer, 3.000 Seen und 700 Fischteiche. Der Rückgang der Industrie vor zwanzig Jahren und das Regionalinteresse der Gastronomie lässt hoffen und mancherorts im Havelwasser erfolgreich fischen.

Matjes aus der Schüssel

Zutaten für 4 Portionen

10 Matjesfilets
2 mittelgroße Zwiebeln
5 Spreewälder
Gewürzgurken
2 hart gekochte Eier
2 EL Kapern
2 kochfeste Äpfel
200 ml saure Sahne
1 TL scharfer Senf
100 ml Naturjoghurt
1 TL frisch geriebener
Meerrettich
1 TL Sardellenpaste
Salz, schwarzer Pfeffer
aus der Mühle
1 Bund Dill

❱ Matjesfilets trockentupfen und in einer flachen Schüssel ausle-
gen. Zwiebeln schälen, in dünne Ringe schneiden und über den
Fisch schichten. Für die nächste Lage Gewürzgurken in dünne
Scheiben schneiden. Eier pellen, hacken und darüber streuen.
Kapern abtropfen lassen und über den Eierwürfeln verteilen.
Die Äpfel waschen, halbieren, vom Kerngehäuse befreien, in
dünne Spalten teilen und ebenfalls in die Schüssel schichten.

❱ Saure Sahne, Senf, Joghurt, Meerrettich und Sardellenpaste glattrühren. Mit Salz und Pfeffer abschmecken und gleichmäßig über
die Zutaten in der Schüssel geben. Dill waschen, trockenschütteln und die Zweige als letzte Schicht in die Schüssel geben, mit
Klarsichtfolie abdecken und für mindestens 2 Stunden kühl stellen. Die Dillzweige vor dem Servieren entfernen. Dazu passen
frisch zubereitete Kartoffelpuffer (Rezept Seite 24).

Winterlicher Matjessalat

Zutaten für 4 Portionen

500 g Chicorée
100 g kräftiger Räucher-
schinken, in Scheiben
3 große, saftige Orangen
10 Matjesfilets
200 ml Buttermilch
100 g Frischkäse
1 TL scharfer Senf
1 TL Zitronensaft
1 Prise Cayennepfeffer
Salz, schwarzer Pfeffer
aus der Mühle
½ Bund Schnittlauch
1 EL Mandelstifte

❭ Chicorée waschen, den bitteren Strunk entfernen und die Blät-
ter in breite Streifen schneiden. Schinkenscheiben in schmale
Streifen schneiden. Orangen schälen und filetieren, dabei den
Saft auffangen.

❭ Matjesfilets trockentupfen und in 2 cm lange Stücke teilen. Aus
Buttermilch, Frischkäse, Senf, Zitronensaft und dem Orangensaft
eine glatte Sauce rühren. Vorsichtig mit Cayennepfeffer, Salz und
Pfeffer abschmecken. Schnittlauch waschen, trockenschütteln
und in feine Röllchen schneiden.

❭ Chicorée, Schinken, Orangenfilets, Matjesstücke und Mandelstifte in einer Salatschüssel vermengen. Die Sauce mit den Schnittlauchröllchen unterheben und gleich servieren. Dazu passen
Majoran-Bratkartoffeln oder frisches Brot.

Aal grün mit Gurkensalat

Zutaten für 4 Portionen

12 portionsgerechte
Aalstücke à 100 g
4 Zweige Dill
5 Zweige Petersilie
5 Salbeiblätter
1 mittelgroße Zwiebel
½ l Weißwein
2 Scheiben von einer
unbehandelten Zitrone
4 EL Weißweinessig
½ TL Salz
2 Lorbeerblätter
5 schwarze Pfefferkörner
3 EL Butter
2–3 EL Mehl
2 EL Crème fraîche
2 Eier

Für den Gurkensalat

2 mittelgroße Salatgurken
½ Bund Dill
1 EL Weißweinessig
3 EL saure Sahne
2 EL Olivenöl
Salz, schwarzer Pfeffer
aus der Mühle
Zucker

❯ Aal waschen und trockentupfen. Kräuter waschen und trocken-schütteln. Zwiebel schälen und halbieren.

❯ 1 l Wasser zusammen mit Weißwein, Zitronenscheiben, Weißwein-essig, ½ TL Salz, je 3 Dill- und Petersilienzweigen, Salbei- sowie Lorbeerblättern, Pfefferkörnern und den beiden Zwiebelhälf-ten in einem großen Topf zum Kochen bringen. Zugedeckt etwa 10 Minuten köcheln lassen. Dann die Aalstücke zufügen. Im Sud offen 15 Minuten ziehen lassen. 250 ml Aalsud abnehmen und durch ein feines Sieb abgießen. Die Blätter der restlichen Kräu-ter fein hacken.

❯ Inzwischen die Gurken schälen und hobeln. Dill waschen, trockenschütteln, die zarten Triebe fein hacken. Essig, saure Sah-ne und Olivenöl glattrühren, mit den Gurkenhobeln vermischen. Den Salat kräftig mit Salz, Pfeffer und etwas Zucker abschme-cken. Zum Schluss den Dill unterheben.

❯ Butter in einem Topf aufschäumen lassen, Mehl unter Rühren anschwitzen und mit dem abgeseihten Aalsud ablöschen. Die Sauce 4 Minuten unter ständigem Rühren köcheln lassen. Vom Herd nehmen.

❯ Crème fraîche und Eier verquirlen und unter die Sauce ziehen. Mit Zucker, Salz, Pfeffer und eventuell Essig abschmecken. Die gehackten Kräuter untermischen. Die Aalstücke mit einem Schaumlöffel aus dem Sud nehmen und in die Sauce geben. Kurz darin ziehen lassen. Mit dem Gurkensalat servieren. Dazu passen Petersilienkartoffeln.

ALSO:
Was schön ist in Berlin.
Schön in Berlin ist die
Königin Nofretete im
Museum, die mit dem
einen
Auge.   Das ist ein
          ganz großes Kunstwerk,
     mehr als die Sixtina und mehr als
     die blödsinnig grinsende Mona Lisa. (...)
       Schön ist Aal grün. Die Berliner
          Küche ist nicht viel wert, (...)

Aber Fische können wir hier kochen,
vielleicht weil es eine alte
Fischerstadt ist.
(Victor Auburtin, 1930)

Schellfisch in Senfbutter mit Kohlrabi

Zutaten für 4 Portionen

Für das Kohlrabigemüse
3 mittelgroße Kohlrabi
Salz, schwarzer Pfeffer
aus der Mühle
geriebene Muskatnuss
1 EL Butter
1 EL Semmelbrösel

Für den Fisch
4 Schellfischfilets à 200 g
2 EL Zitronensaft
1 kleine Karotte
1 kleine Sellerieknolle
1 kleine Stange Lauch
1 mittelgroße Zwiebel
2 Liebstöckelstängel
2 Dillzweige
3 Stängel glatte Petersilie
8 schwarze Pfefferkörner
8 Rosmarinnadeln
2 Wacholderbeeren
¼ l Weißwein
1 Lorbeerblatt
5 Pimentkörner

Für die Sauce
2 EL Butter
1 EL Mehl
200 ml Sahne
1 EL körniger Senf
1 EL scharfer Senf
1 EL Crème fraîche

❭ Kohlrabi waschen, schälen und in Stifte schneiden, holzige Stellen entfernen. In kochendem Salzwasser etwa 8 Minuten garen. Abgießen, mit Salz, Pfeffer und Muskatnuss würzen. Butter in einer Pfanne erhitzen und Semmelbrösel goldbraun rösten. Vorsichtig unter die Kohlrabistifte heben. Das Gemüse warm halten.

❭ Schellfischfilets abspülen, trockentupfen, mit Zitronensaft beträufeln und beiseite stellen. Karotte sowie Sellerie schälen und in Würfel schneiden. Lauch putzen, waschen und würfeln. Zwiebel schälen und halbieren. Die Küchenkräuter waschen und trockenschütteln. Pfefferkörner und Rosmarin in einem Mörser zerstoßen, Wacholderbeeren leicht anstoßen.

❭ In einem großen Topf etwa 1½ l Wasser mit Gemüse, Kräuterstängeln, Weißwein, Lorbeerblatt, Piment- sowie Pfefferkörnern, Wacholderbeeren und Rosmarin zum Kochen bringen.

❭ Kräftig mit Salz und Pfeffer würzen. Hitze reduzieren und den Sud zugedeckt 20 Minuten ziehen lassen. Durch ein Sieb abgießen, aufkochen lassen und die Schellfischfilets hineingeben. Den Fisch bei schwacher Hitze in etwa 10 Minuten gar ziehen lassen.

❭ Für die Senfsauce Butter erhitzen und Mehl darin unter Rühren anschwitzen. Mit 200 ml Fischsud und Sahne ablöschen, 2 Minuten köcheln lassen. Senf und Crème fraîche unterrühren. Mit Salz und Pfeffer abschmecken.

❭ Die Fischfilets auf einem Schaumlöffel abtropfen lassen. Auf vorgewärmten Tellern anrichten und mit der Senfsauce überziehen. Kohlrabigemüse dazugeben und heiß servieren. Dazu passen Salzkartoffeln.

Wels mit Gemüse und Sardellenbutter

Zutaten für 4 Portionen

Für die Sardellenbutter
6 eingelegte
Sardellenfilets
125 g Butter

Für den Fisch
1 kg Wels in einem Stück
(ohne Kopf, ausgenommen
und enthäutet)
1 Schalotte
3 EL Zitronensaft
1 TL frische Thymian-
blätter
1 TL Rosmarinnadeln
125 ml herber Schlehen-
wein (z. B. aus Werder)
125 ml trockener
Weißwein
Salz, schwarzer Pfeffer
aus der Mühle
4 EL Olivenöl
80 g fetter Speck, kräftig
geräuchert und gewürzt,
(z. B. Paprikaspeck)
100 ml saure Sahne
Cayennepfeffer

Für das Gemüse
500 g Rosenkohl
500 g Pastinaken
100 ml Gemüsebrühe
4 EL Butter
geriebene Muskatnuss
1 Prise Zucker

❱ Sardellenfilets gut abtropfen lassen und sehr fein hacken. Butter schmelzen und mit einem Schneebesen unter das Sardellenmus rühren. Die Masse auf Alufolie geben, zu einer Rolle von 3 cm Durchmesser formen und im Kühlschrank fest werden lassen.

❱ Wels unter fließendem kalten Wasser abspülen und trockentupfen. Schalotte schälen und fein hacken. Aus Zitronensaft, Thymian, Rosmarin, Schlehen- sowie Weißwein, Pfeffer, Olivenöl und Schalottenwürfeln eine Marinade rühren. Den Wels innen und außen mit dieser Marinade einreiben, den Rest darübergießen. An einem kühlen Ort etwa 30 Minuten durchziehen lassen.

❱ Backofen auf 180 °C vorheizen.

❱ Inzwischen den Rosenkohl putzen, die Strünke knapp abschneiden und waschen. Über wenig Wasser auf einem Dämpfeinsatz etwa 10 Minuten garen. Abgießen, abschrecken und beiseite stellen.

❱ Pastinaken waschen und eventuell schälen. In dünne längliche Streifen schneiden. In der Gemüsebrühe bei schwacher Hitze 10 bis 15 Minuten köcheln lassen, abgießen und beiseite stellen.

❱ Speck in 2 cm lange Stifte schneiden. Den Fisch rundherum damit spicken, vorsichtig salzen. Eine Auflaufform mit Butter auspinseln, den Wels hineinlegen und mit abgetropfter Marinade bestreichen. Auf der mittleren Ofenschiene etwa 20 Minuten garen. Dann die saure Sahne in den entstandenen Bratenfond einrühren und den Fisch damit löffelweise übergießen.

❱ Den Fisch nochmals 20 Minuten im Ofen garen, dabei alle 5 Minuten mit Bratenfond übergießen. Eventuell mit Alufolie abdecken, der Wels sollte nicht braun werden.

❱ In der Zwischenzeit die gegarten Gemüse separat in jeweils 2 EL aufschäumender Butter schwenken. Den Rosenkohl mit Salz, Pfeffer und Muskat würzen. Die Pastinaken mit Salz, Pfeffer und einer Prise Zucker abschmecken. Die Sardellenbutterrolle aus der Folie nehmen und in Scheiben schneiden.

❱ Den Wels filetieren und auf einer vorgewärmten, tiefen Platte anrichten. Den Fond mit Salz, Pfeffer und etwas Cayennepfeffer kräftig abschmecken und über die Fischstücke gießen. Mit Sardellenbutterscheiben belegen. Rosenkohl und Pastinaken um den Fisch herum arrangieren und alles sofort servieren. Dazu passt Kartoffelmus (Rezept Seite 28).

Wenn mein
Hund zu bellen
droht, geb
ich ihm
Sardellenbrot.

(Erich Mühsam)
1915

Äppelkahn Fischtopp

Zutaten für 4–6 Portionen

2 kg küchenfertige
Weißfische wie Bleifisch,
Rotauge, Schleie, Rotfeder
oder Barsch
1 Karotte
1 kleine Sellerieknolle
1 kleine Stange Lauch
1 mittelgroße Zwiebel
1 Bund Estragon
3 Wacholderbeeren
1 Lorbeerblatt
5 Pimentkörner
5 Pfefferkörner
1 TL gelbe Senfkörner
½ TL Salz
3 EL Estragonessig
1,5 kg mehlig kochende
Kartoffeln
80 g Butter
3–4 EL Mehl
100 ml Sahne
Salz, schwarzer Pfeffer
aus der Mühle
1 EL Zitronensaft

❭ Fisch unter fließendem kalten Wasser waschen und abtrocknen. Karotte und Sellerie schälen und in Würfel schneiden. Lauch putzen, waschen und in 2 cm dicke Ringe schneiden. Zwiebel schälen und halbieren. Estragon waschen, trockenschütteln und die Blätter abzupfen. Wacholderbeeren vierteln. 2 l Wasser in einem großen Topf mit Gemüse, Estragonstängeln, Lorbeerblatt, den verschiedenen Gewürzkörnern, Wacholder, ½ TL Salz und Essig aufkochen lassen.

❭ Die ganzen Fische hineinlegen. Zugedeckt leise köcheln lassen. Nach 10 Minuten die größten und schönsten Fische aus dem Sud nehmen und Filets ablösen. Insgesamt etwa 700 g. Sie finden später als Suppeneinlage Verwendung. Den Sud noch etwa 1 Stunde weiter köcheln lassen. Anschließend durch ein Sieb abseihen.

❭ Kartoffeln waschen, schälen und in Salzwasser gar kochen. In einem großen Suppentopf 4 EL Butter erhitzen. Mehl nach und nach dazu sieben und unter Rühren hell anschwitzen. Hitze reduzieren. Mit 200 ml Fischsud ablöschen. Unter ständigem Rühren esslöffelweise weiteren Fischsud zugeben, bis die Brühe eine leicht sämige Konsistenz hat. Sahne unterziehen, 3 Minuten unter ständigem Rühren köcheln lassen. Mit Salz, Pfeffer und Zitronensaft abschmecken.

❭ Die Salzkartoffeln und Fischstücke auf vorgewärmte Suppenteller verteilen. Die gebundene Fischbrühe darüber füllen, mit Estragonblättchen bestreuen und zum Schluss die restliche Butter in Flöckchen auf die Suppe setzen und sofort servieren.

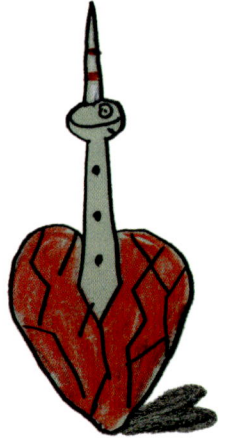

Als Äppelkahn bezeichnen die Berliner ganz ungeniert alle Wasserfahrzeuge, die größer als ein Ruderboot sind. Ursprünglich waren das jedoch sehr einfach gebaute Lastenkähne, die unter anderem Äpfel aus Böhmen nach Berlin brachten. Auf den größeren Binnenschiffen lebten und arbeiteten oft ganze Schifferfamilien. Nur für die Wintermonate unterbrach man das Nomadenleben und bezog eine Wohnung in der Stadt.

Mahlzeit!

Altberliner Küche in Bewegung

Mit Berlins traditioneller Küche verbindet wohl niemand atemberaubende Raffinesse. Alles ist ein bisschen ruppig und wenig feinsinnig. Merkwürdiges kommt zum Vorschein beim Blick in Altberliner Töpfe: Das Kasseler reiste nicht aus Kassel an, der Hase ist falsch, Jungfrauen erröten beim Dessert, das Eisbein ist keine gefrorene Nachspeise, sondern eine deftige Spezialität. Und schon vor 200 Jahren bot ein Budiker nahe dem Schlesischen Bahnhof seinen bodenständigen Gästen gepökelte, im großen Bottich gegarte Schweinestelzen an.

Gebratene Kalbsbrust mit Stachelbeeren

Zutaten für 4 Portionen

1 kg Kalbsbrust
Salz, schwarzer Pfeffer
aus der Mühle
1 kleine Zwiebel
2 Knoblauchzehen
3 TL Butter
500 ml fruchtiger
Weißwein
300 g säuerliche Stachel-
beeren
1 unbehandelte Zitrone
3 Eigelb
1 Messerspitze Zimt
1 Prise Zucker

❱ Backofen auf 180 °C vorheizen. Kalbsbrust waschen, trockentupfen und rundherum mit Salz sowie Pfeffer einreiben. Zwiebel und Knoblauch schälen und fein würfeln. Butter in einem Bräter erhitzen und das Fleisch in dem aufschäumenden Fett unter häufigem Wenden von allen Seiten goldbraun anbraten.

❱ Zwiebel- und Knoblauchwürfel hinzufügen und andünsten. Die Hälfte des Weißweins angießen und den Braten im Backofen auf der mittleren Schiene 1 Stunde garen, dabei mehrmals wenden und mit dem Bratensaft bepinseln.

❱ Stachelbeeren waschen, von den Stielansätzen befreien. Zitrone waschen und abtrocknen, Schale fein abreiben und Saft auspressen. Stachelbeeren um den Braten legen, den Zitronensaft darüber träufeln und die geriebene Schale in den Bratenfond rühren. Den restlichen Weißwein angießen und den Braten für weitere 30 Minuten in den Ofen geben.

❱ Die weich gegarte Kalbsbrust herausnehmen, in Alufolie wickeln und ruhen lassen. In der Zwischenzeit den Bratenfond durch ein feines Sieb gießen, Eigelb verquirlen und mit einem Schneebesen unter die Sauce ziehen.

❱ Mit wenig Zimt und Zucker abschmecken. Mit Salz und Pfeffer nachwürzen. Die Kalbsbrust in Scheiben schneiden und mit der Sauce servieren. Dazu passt Kartoffelmus (Rezept Seite 28).

Dieser Kalbsbraten zählte zu Fontanes Leibgerichten. Weniger angetan schien er vom Berliner Ton gewesen zu sein: »Der Grundzug ist ein krasser Egoismus, ein naives, vollkommen aufrichtiges Durchdrungensein von der Überlegenheit und besonderen Berechtigung der eigenen Person und des Ortes, an dem die Person das Glück hatte, geboren zu werden. Um diese beiden Eitelkeiten dreht sich alles.« Die Mitglieder der Berliner Ringvereine waren besonders derbe Kerle. Von der Jahrhundertwende bis in die 1930er Jahre bildeten diese Ganovenvereine, mit solch abenteuerlichen Namen wie Apachenblut, eine Art Gewerkschaft in Berlins Halbwelt.

IMMERTREU | GEIER WALLY | ZUR HÜTTE

RINGVEREINE GENTLEMEN-VERBRECHER

APACHENBLUT | MIEZE | PISTOLEN-MANNE

Casseler-Rippenspeer

~~Kasseler~~ Rippenspeer mit Bohnen

Zutaten für 4 Portionen

800 g Kasseler Kotelett-
stück mit Knochen
1 große Karotte
1 kleine Stange Lauch
1 große Zwiebel
5 Wacholderbeeren
1 Lorbeerblatt
50 ml trockener Rotwein
100 ml saure Sahne
1 EL Kartoffelstärke
Salz, schwarzer Pfeffer
aus der Mühle

Für das Bohnengemüse

500 g grüne Bohnen
1 kleine Zwiebel
4 Scheiben Frühstücks-
speck (Bacon)
1 EL Butter
1 TL frisch gehacktes
Bohnenkraut

❯ Backofen auf 180 °C vorheizen. Kotelettstück abspülen und mit der Fettseite nach unten in einen Bräter legen. Karotte und Lauch putzen, waschen und in Scheiben schneiden. Zwiebel schälen und grob würfeln. Wacholderbeeren in einem Mörser zerstoßen. Gemüse und Gewürze zum Fleisch geben. 500 ml Wasser zum Kochen bringen, in den Bräter gießen und diesen offen in den Ofen schieben. Nach 30 Minuten das Kasseler wenden und weitere 40 Minuten braten lassen. Dabei regelmäßig mit Bratensaft begießen, eventuell noch Wasser dazugeben.

❯ In der Zwischenzeit das Bohnengemüse zubereiten. Bohnen putzen, waschen und in 5 cm lange Stücke brechen. In 500 ml kochendem Salzwasser gar kochen, abgießen, abtropfen lassen und warm halten. Zwiebel schälen und fein würfeln. Frühstücksspeck würfeln und in einer Pfanne ohne Fettzugabe auslassen. Butter zufügen. Zwiebelwürfel dazugeben und glasig dünsten, unter die Bohnen heben. Mit Bohnenkraut, Salz und Pfeffer würzen.

❯ Kasseler herausnehmen, das Fleisch von den Knochen lösen und warm stellen. Den Bratenfond durch ein Sieb abgießen, Rotwein angießen und aufkochen lassen. Saure Sahne und Kartoffelstärke glattrühren und unter die Sauce ziehen. Sehr vorsichtig salzen, aber großzügig pfeffern. Das Fleisch in Tranchen schneiden. Auf vorgewärmten Tellern mit Sauce umgießen. Das Bohnengemüse und Salzkartoffeln dazu reichen.

Bohnenstange

Um 1900 legte ein Fleischermeister namens Cassel in der Potsdamer Straße als erster geräucherten Schweinerücken in Salzlake ein. Das Kasseler kommt also nicht aus Kassel, sondern ist eine Berliner Erfindung und eine kulinarisch Bedeutende dazu. So wie auch die Mulackritze bedeutsam war, jedoch weniger in kulinarischer Hinsicht. Im Berliner Scheunenviertel in der Mulackstraße 15 verkehrten neben Theaterprominenz auch Ganoven, z.B. Adolf Leib, der Boss vom Ringverein Immertreu. Die Einrichtung der 1963 abgerissenen Spelunke ist heute im Berliner Gründerzeitmuseum zu sehen. Das haben wir Charlotte von Mahlsdorf zu verdanken!

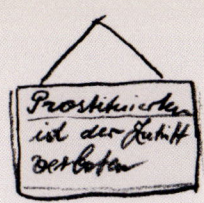

Prostituieren
ist der Zutritt
verboten

MULACKRITZE

Kaffee
zu jeder
Tageszeit

H. Zille

Stamm-
Gäste:
Gründgens
Waldoff
Dietrich
Zeit

Falscher Hase mit Wirsinggemüse

Für den Hackbraten

100 g Butter
2 EL Mehl
1 altbackene Schrippe
(Brötchen)
2 mittelgroße Zwiebeln
1 Knoblauchzehe
250 g Schweinehack
250 g Rinderhack
1 Ei
1 TL gehackter Majoran
Salz, schwarzer Pfeffer
aus der Mühle
geriebene Muskatnuss
Paprikapulver edelsüß
1 EL Butterschmalz
200 ml Gemüsebrühe
100 ml trockener Rotwein
100 ml Sahne
1 TL Zitronensaft
Cayennepfeffer

Für das Wirsinggemüse

1 mittelgroßer
Wirsingkohl
2 EL Butterschmalz
300 ml Gemüsebrühe
1 TL gehackte Petersilie

❱ Backofen auf 200 °C vorheizen. Für die Saucenbindung bemehlte Butterstückchen vorbereiten. Hierfür die Butter in 5 Portionen teilen, in Mehl wälzen und auf einer Untertasse in das Tiefkühlfach legen. Schrippe in warmem Wasser einweichen und gut ausdrücken. Zwiebeln und Knoblauch schälen und fein hacken.

❱ Hackfleisch mit Ei, 1 Zwiebel, Knoblauch, Schrippe und Majoran gut vermengen. Kräftig mit Salz, Pfeffer, Muskatnuss und edelsüßem Paprikapulver würzen. Darauf achten, dass die Masse eine gute Bindung hat, ist sie zu feucht und klebrig, Semmelbrösel zugeben. Einen ovalen Laib daraus formen.

❱ Butterschmalz in einer feuerfesten Pfanne erhitzen und die Hackfleischmasse darin von allen Seiten kräftig anbraten. Die restlichen Zwiebelwürfel beigeben und goldgelb dünsten. Gemüsebrühe und Rotwein angießen. Die Pfanne mit einem Deckel oder Alufolie verschließen und den Hackbraten im Ofen etwa 1 Stunde garen.

❱ In der Zwischenzeit das Wirsinggemüse zubereiten. Vom Kohlkopf die äußeren Blätter entfernen, restliche Blätter waschen und grob würfeln, dabei die holzigen Rippen und den Strunk entfernen. Butterschmalz in einem großen Topf erhitzen, den Wirsing darin kurz andünsten und anschließend mit der Gemüsebrühe auffüllen. Zugedeckt etwa 20 Minuten bei schwacher Hitze köcheln lassen. Mit Salz und Pfeffer abschmecken. Vor dem Servieren mit Petersilie bestreuen.

❱ Den fertigen Hackbraten in Folie wickeln und warm halten. Den Bratenfond durch ein Sieb abgießen, die Sahne unterrühren und die Sauce kurz aufkochen lassen. Die bemehlten Butterstückchen aus dem Tiefkühlfach nehmen und mit einem Schneebesen einzeln unter die leise köchelnde Sauce arbeiten, bis sie bindet. Mit Zitronensaft und Cayennepfeffer abschmecken.

❱ Den Falschen Hasen in Scheiben schneiden und mit der Sauce auf vorgewärmten Tellern anrichten. Das Wirsinggemüse und Salzkartoffeln dazu reichen.

Drei Hasen tanzen
im Mondenschein
im Wiesenwinkel am See:
Der eine ist ein Löwe,
der andre eine Möwe,
der dritte ist ein Reh.
(Christian Morgenstern)

Varianten Falscher Hase im Blätterteig. Zwischen Teig und
Fleischfüllung noch eine Zwischenschicht aus dünnen Cham-
pionscheiben und kurz blanchierten, frischen Spinatblättern
platzieren. Mit raffinierten Einlagen kann man den Falschen
Hasen in den Rang einer Terrine erheben. Man nehme dazu gehackte Pistazien und Dörrpflaumen oder grüne Pfefferkörner
und in rotem Portwein eingeweichte Rosinen.

Eisbein mit Erbspüree und Sauerkraut

Zutaten für 4 Portionen

Für das Erbspüree
500 g geschälte
gelbe Erbsen
1 Bund Suppengemüse
1 Schinken- oder
geräucherte
Speckschwarte
schwarzer Pfeffer
aus der Mühle
geriebene Muskatnuss

Für das Eisbein
1 mittelgroße Zwiebel
4 Gewürznelken
4 gepökelte
Eisbeine à 500 g
Salz
8 Pimentkörner
10 schwarze Pfefferkörner
2 Lorbeerblätter
5 Wacholderbeeren
1 Prise Zucker

Für das Sauerkraut
750 g Spreewälder
Sauerkraut aus dem Fass
100 ml Apfelsaft aus
Werder
1 große, mehlig
kochende Kartoffel

❯ Am Vortag Erbsen in kaltem Wasser über Nacht einweichen, abtropfen lassen, dabei das Einweichwasser auffangen und in einen großen Topf geben. Suppengemüse putzen, waschen, würfeln und mit der Schinken- oder Speckschwarte und den Erbsen ins Einweichwasser geben. Zugedeckt 1 Stunde köcheln lassen. Gelegentlich umrühren. Eventuell Wasser nachgießen. Sobald die Erbsen weich sind, die Schwarte entfernen und das Gemüse mit einem Stabmixer pürieren. Anschließend durch ein Sieb streichen, mit Salz, Pfeffer und Muskatnuss abschmecken.

❯ Zwiebel schälen und mit Nelken spicken. Fleischstücke waschen und in einen großen Topf legen. Mit Wasser auffüllen, bis das Fleisch bedeckt ist. Zum Kochen bringen und leicht salzen. Gewürze, die gespickte Zwiebel und den Zucker dazugeben. Etwa 10 Minuten offen köcheln lassen, dabei den aufsteigenden Schaum abschöpfen. Die Hitze reduzieren und das Fleisch etwa 1 Stunde zugedeckt im Sud ziehen lassen. Das Fleisch ist gar, wenn es sich durch leichten Daumendruck vom Knochen löst.

❯ Inzwischen das Sauerkraut im eigenen Saft und unter Zugabe des Apfelsafts zugedeckt etwa 30 Minuten leise köcheln lassen. Kartoffel schälen, waschen, fein reiben und zum Binden unter das Kraut mischen. Nochmals 10 Minuten köcheln lassen.

❯ Die Eisbeine aus dem Sud heben, abtropfen lassen und auf einem Sauerkrautbett anrichten. Das Erbspüree in einer vorgewärmten Schüssel servieren. Dazu gibt es Salzkartoffeln, scharfen Senf und reichlich Bier.

Schienbeinknochen von Schweinen dienten den Menschen früher als Kufen, als Eisbeine sozusagen. Aus der Berliner Küche ist dieser Klassiker nicht mehr wegzudenken. Und wenn man aus dem Küchenfenster auf den Hinterhof schaute, dann stand da vielleicht Heinrich Zille und malte mit einem lachenden und einem weinenden Auge seine Berliner Gören, den Eckensteher, den Drehorgelmann, den Lumpenhändler und die Harfenjule.

Hühnerfrikassee mit Grießklößchen

Zutaten für 4 Portionen

Für das Frikassee
1 gekochtes Suppenhuhn
150 g kleine Champignons
300 g weißer Spargel
1 l Hühnerbrühe
(Grundrezept Seite 36)
3 EL Butter
3 EL Mehl
Kapern nach Geschmack
1 EL Zitronensaft
2 Eigelb
200 ml Sahne
1 EL fein gehackte
Petersilie
Zitronenspalten

Für die Klößchen
100 ml Sahne
1 EL Butter
1 Ei
Salz, schwarzer Pfeffer
aus der Mühle
geriebene Muskatnuss
3–4 EL Grieß

❯ Hühnerfleisch von den Knochen lösen und in mundgerechte Stücke zerteilen. Pilze putzen, mit einem Tuch trocken säubern und halbieren. Spargel schälen und die holzigen Enden großzügig abschneiden. Die Stangen in 4 cm lange Stücke schneiden. In etwas kochender Hühnerbrühe 10 Minuten garen, abtropfen lassen. Den Kochsud aufbewahren.

❯ Für die Grießklößchen 100 ml Sahne und 1 EL Butter in einer kleinen Kasserolle erhitzen. Vom Herd nehmen und das Ei untermischen. Mit Salz, Pfeffer und Muskatnuss würzen. 3 bis 4 EL Grieß einrühren, bis eine kompakte Masse entsteht. Leicht gesalzenes Wasser zum Kochen bringen. Von der Grießmasse mit einem Teelöffel kleine Portionen abstechen und mit angefeuchteten Händen zu runden Klößchen rollen. Vorsichtig ins Salzwasser gleiten lassen. Etwa 3 Minuten ziehen lassen. Mit einem Schaumlöffel herausnehmen.

❯ Für das Frikassee in einem großen Topf 3 EL Butter erhitzen. Mehl einrühren und hell anschwitzen. Hühnerbrühe und Spargelsud unter Rühren angießen. Aufkochen lassen, die Hitze reduzieren und Pilze zufügen. 2 Minuten köcheln lassen. Spargel, Hühnerfleisch und Kapern nach Geschmack hinzufügen. Mit Salz, Pfeffer und Zitronensaft abschmecken. Vom Herd nehmen.

❯ Die zwei Eigelb mit 200 ml Sahne verquirlen und das Frikassee damit binden. Die Grießklößchen vorsichtig unterheben. Zugedeckt nochmals 2 Minuten durchziehen lassen. In einer vorgewärmten Schüssel mit Petersilie bestreuen, mit Zitronenspalten garnieren und Reis servieren.

Mit den Hugenotten wanderte das Frikassee nach Berlin. Französische Kochhochkultur traf auf Berliner Intonation und begleitete als »Raguh feng« im Reiskranz so manches Familienglück. Das feine Kalbsragout mit Bries, Zunge, Euter, Morcheln, Krebsschwänzen und gefüllten Krebsnasen erfreute sich hier sogar größerer Beliebtheit als im Mutterland Frankreich.

Gänsebraten mit Grünkohl

Für den Gänsebraten
1 küchenfertige Gans mit
Innereien (ca. 4 kg)
Salz, schwarzer Pfeffer
aus der Mühle
250 g weiche Back-
pflaumen ohne Stein
2 EL Rum
8 kochfeste Äpfel
3 mittelgroße Zwiebeln
1 Bund Majoran
2 Bund Suppengrün
1 EL Gänseschmalz
2 EL Rosinen
2 EL gehackte Mandeln
2 Scheiben Weißbrot ohne
Rinde
1 TL Lebkuchengewürz
125 ml Orangensaft
125 ml trockener
Weißwein

Für den Grünkohl
1 kg Grünkohl
1 mittelgroße Zwiebel
2 EL Gänseschmalz
1 EL Mehl
250 ml Rinderbrühe
(Grundrezept Seite 38)
1 Prise Zucker

❱ Backofen auf 220 °C vorheizen. Die Gans innen und außen waschen, trockentupfen. Rundherum mit Salz und Pfeffer einreiben.
Die Haut unter Keulen und Flügeln mehrmals einstechen. Beige-
legte Innereien säubern und fein hacken.

❱ Backpflaumen mit Rum beträufeln und ziehen lassen. 2 Äpfel
schälen, achteln und entkernen. Zwiebeln schälen und fein würfeln. Majoran waschen, trockenschütteln, Blättchen abzupfen.
Suppengemüse waschen, putzen und klein schneiden. Gänseschmalz erhitzen und die Innereien mit der Hälfte der Zwiebeln
anbraten. In eine Schüssel geben und mit Äpfeln, Backpflaumen,
Rosinen und Mandeln mischen. Das Brot zerpflücken und dazugeben. Mit der Hälfte des Majorans, dem Lebkuchengewürz, Salz
und Pfeffer kräftig würzen.

❱ Die Gans mit der Masse füllen und die Bauchöffnung mit
Küchengarn zunähen. Keulen und Flügel an den Körper binden.
Mit der Brust nach unten in einen großen Bräter legen. Suppen-
gemüse, restliche Zwiebelwürfel und Majoranblättchen dazuge-
ben. Mit 500 ml kochendem Wasser übergießen. Auf der unteren
Einschubleiste in den Ofen geben.

❱ Nach 30 Minuten die Backofentemperatur auf 180 °C reduzieren.
Die Gans wenden und 2 ½ Stunden braten. Zwischendurch immer wieder wenden und mit Bratensaft übergießen. Überschüs-
siges Fett abschöpfen. Wird der Bratensatz braun, etwas Wasser
zugießen. Kurz vor Garende mit einem kleinen Messer in eine
Keule stechen: ist der austretende Saft noch leicht rosa, weitere
5 bis 10 Minuten braten. Zum Schluss die Gans auf den Rücken
legen und die Brustseite mit kaltem Salzwasser bestreichen. Den
Ofen auf Grillstufe stellen und die Gänsebrust in gut 10 Minuten
knusprig braten.

❱ Inzwischen den Grünkohl in lauwarmem Wasser gründlich waschen, dann über Wasserdampf bissfest garen. Grob hacken.
Zwiebel schälen und fein würfeln. Gänseschmalz in einem großen Topf erhitzen, Zwiebel glasig dünsten. Kohl zugeben, kurz
andünsten, Mehl darüber stäuben und Rinderbrühe angießen.
Mit Salz, Pfeffer und Zucker würzen. Zugedeckt etwa 30 Minuten
köcheln lassen.

❱ Die Gans vom Küchengarn befreien und in Brust, Keulen sowie
Mittelstücke zerlegen. Fleisch und Füllung warm stellen. Den
Bratensatz mit Orangensaft und Weißwein ablöschen, mit einem
Stabmixer pürieren und durch ein feines Sieb gießen. Mit Salz
und Pfeffer abschmecken. Alles zusammen heiß servieren, dazu
passen Kartoffelklöße.

Tipp Das häufige Reduzieren und Ablöschen ist für Aroma und Färbung der Bratensauce ausschlaggebend. Ist der Bratensatz zu stark gebräunt, wird die Sauce bitter. Bei zu heller Färbung entwickelt die Sauce zu wenig Geschmack. Beim Übergießen der Gans auch den Bratensatz mit einem flachen Holzlöffel vom Bräterboden lösen, von den -wänden mit einem Bratpinsel. Mit diesem Pinsel immer wieder Bratflüssigkeit auf das Geflügel streichen.

»Eine jut jebratne Jans is ne jute Jabe Jottes«

Errötende Jungfrau

Zutaten für 4 Portionen

5 Blatt weiße Gelatine
1 Blatt rote Gelatine
500 ml Buttermilch
100 g Zucker
Saft von ½ Orange
2 EL Rum
400 g frische Garten-
beeren
Puderzucker

❯ Weiße und rote Gelatine in wenig kaltem Wasser einweichen. Buttermilch und Zucker mit einem Handrührgerät schaumig schlagen. Orangensaft und Rum unterrühren.

❯ Gelatine ausdrücken und in einem Topf bei schwacher Hitze unter Rühren auflösen. Sorgfältig unter die Buttermilchmischung rühren. Durch ein Sieb streichen und in 4 Portionsschälchen füllen. Im Kühlschrank in 3 bis 4 Stunden fest werden lassen.

❯ Gartenbeeren waschen, entstielen und trockentupfen. Auf die Schälchen verteilen und mit Puderzucker bestäubt servieren

Schamhafte Wangenröte entspricht nicht unbedingt dem Berliner Charakter. Hier schwärmt man eher von: »Eener alleene, dit is nich scheene, aber eener und eene alleene, dit is scheene.«

Grießflammeri

Zutaten für 4 Portionen

1 Vanilleschote
500 ml Milch
120 g Zucker
1 EL gemahlene Mandeln
1 EL Butter
50 g Grieß
2 Eigelb
1 Eiweiß
1 Prise Salz
200 ml Sahne
350 g rote, schwarze und
weiße Johannisbeeren
Puderzucker

❱ Vanilleschote längs aufschneiden, Mark herauskratzen und mit Milch, Zucker, Mandeln sowie Butter zum Kochen bringen. Grieß unter ständigem Rühren einrieseln und kurz aufkochen lassen. Vom Herd nehmen, ausquellen und abkühlen lassen.

❱ Eigelb verquirlen und unter die lauwarme Grießmasse rühren. Eiweiß mit einer Prise Salz steif schlagen und unterheben. Sahne steif schlagen und unterziehen. Die Masse in kalt ausgespülte Gläser oder Schälchen füllen und mindestens 1 Stunde kühl stellen.

❱ Johannisbeeren waschen, entstielen, trockentupfen. Zum Stürzen der Flammeri die Gläser oder Schälchen kurz in heißes Wasser tauchen. Die Flammeri auf Dessertteller stürzen und die Beeren darum herum arrangieren. Mit Puderzucker bestäubt servieren.

Speiseplan

von Friedrich Wilhelm I. KÖNIG VON PREUSSEN

Wilder Schweinskopf

Hammelköpfe mit Braunkohl

Wildbret

Farcierte Semmeln
mit gepflücktem Hecht
und Krebsschwänzen

Mit der Mischpoche in die neue Heimat

In den Zwanzigern sprach man von Charlottengrad, der luxuriösen russischen Kolonie rings um die Gedächtniskirche. Und im schäbigen Scheunenviertel hausten eingewanderte Ostjuden Tür an Tür mit Berlins Unterwelt. Die Gepflogenheiten der fremden Küchen fanden schnell Einzug in die Berliner Töpfe. Bis heute pflegt man in Böhmisch Rixdorf Knödelrezepte und traurige Lieder aus der Heimat.

Borschtsch

Zutaten für 4–6 Portionen

2 l Rinderbrühe
1 kg Rinderbrust
400 g Rote Bete
1 kleine Sellerieknolle
100 g Petersilienwurzel
100 g Pastinaken
2 große Zwiebeln
3 Knoblauchzehen
2 EL Öl
½ TL Zucker
½ TL Dillsamen
½ TL Kümmel
5 EL Weißweinessig
300 g Tomaten
400 g Weißkohl
1 Bund Dill
Salz, schwarzer Pfeffer
aus der Mühle
200 ml saure Sahne

Am Vortag die Rinderbrühe (Rezept Seite 38) aus der Rinderbrust zubereiten.

❯ Rote Bete sowie Wurzelgemüse bürsten, schälen und klein würfeln. Zwiebeln und Knoblauch schälen und fein hacken. In einem großen, vorzugsweise gusseisernen Topf das Öl erhitzen, Gemüsewürfel andünsten. Zwiebeln und Knoblauch zufügen, kurz anbraten. Mit Salz, Zucker, Dillsamen und Kümmel würzen, mit Essig ablöschen. 500 ml Rinderbrühe angießen und zugedeckt 30 Minuten köcheln lassen.

❯ In der Zwischenzeit die restlichen Zutaten vorbereiten. Die Haut der Tomaten über Kreuz einritzen, auf einer Schaumkelle kurz in kochendes Wasser tauchen, häuten und entkernen. Das Fruchtfleisch würfeln und abtropfen lassen. Weißkohl, putzen, waschen und fein hobeln. Die gekochte Rinderbrust in mundgerechte Stücke schneiden, dabei Fett und Sehnen entfernen. Dill waschen, trockenschütteln, die zarten Triebe grob hacken.

❯ Tomaten, Kohl und die restliche Fleischbrühe in den Suppentopf geben. Den Borschtsch weitere 30 Minuten köcheln lassen. Das Fleisch in die Suppe geben. Mit Salz und Pfeffer und nach Belieben mit Essig und Zucker abschmecken. Vor dem Servieren jede Portion mit einem Klecks saurer Sahne versehen und mit Dill bestreut servieren.

»Berlin! Berlin! Nun hoch die junge Stirn,
ins wilde Leben laß dich mächtig tragen!«
Julius Hart, *Auf der Fahrt nach Berlin*

Königsberger Klopse

Zutaten für 4 Portionen

500 g Rote Bete
5 EL Apfelessig
1 TL Kümmel
1 Prise Zucker
1 TL Honig
Salz, schwarzer Pfeffer
aus der Mühle
1 mittelgroße Zwiebel
1 EL Butter
1 altbackene Schrippe
(Brötchen)
6 Sardellenfilets
250 g Kalbshack
250 g Rinderhack
2 Eier
Salz, Pfeffer aus der
Mühle
700 ml Gemüsebrühe
100 ml trockener
Weißwein
3 Eigelb
250 ml Sahne
3 EL Kapern
1 TL Zitronensaft

❱ Rote Bete waschen und schälen. In kochendem Salzwasser unter Zugabe von 2 EL Essig, Kümmel und Zucker etwa 40 Minuten garen. Abtropfen lassen und in Scheiben schneiden. Den restlichen Apfelessig mit dem Honig verrühren. Mit Salz und Pfeffer würzen, über die Rote Bete träufeln und ziehen lassen.

❱ Zwiebel schälen, fein würfeln und in der Butter glasig dünsten. Schrippe in warmem Wasser einweichen und gut ausdrücken. Sardellen sehr fein hacken. In einer Schüssel Hackfleisch, Zwiebel, Schrippe, Hälfte der Sardellen und 2 Eier gut vermengen. Salzen und pfeffern. Aus der Masse mit angefeuchteten Händen kleine Klopse formen.

❱ Gemüsebrühe mit dem Weißwein zum Kochen bringen, Klopse hineingeben und bei schwacher Hitze in etwa 15 Minuten gar ziehen lassen.

❱ Die Fleischklöße mit einem Schaumlöffel herausheben. Die Eigelb mit der Sahne verquirlen und in die nicht mehr kochende Flüssigkeit einrühren. Kapern und restliche Sardellenfilets zufügen. Mit Zitronensaft, Salz und Pfeffer abschmecken. Die Klopse wieder in die Sauce geben und zugedeckt 3 Minuten ziehen lassen. Auf vorgewärmten Tellern servieren und Petersilienkartoffeln dazu reichen.

Rote Bete gehört zum Königsberger Klops wie das Bier zum Prater, die Goldelse auf die Postkarte und die Bulette mit Mostrich auf die Faust.

Piroggen mit dreierlei Füllung

Ergibt 25–30 Stück
Der Teig reicht für eine
der Füllungen

300 g Mehl
150 g weiche Butter
1 gestrichener TL Salz
1 EL kaltes Wasser
1 kleines Ei
1 Eiweiß zum Bepinseln
2 Eigelb verquirlt mit
1 EL Sahne
200 ml saure Sahne

Pilzfüllung
200 g Steinpilze
1 EL Butter
2 feste Birnen
2 EL grob gehackte
Walnusskerne
Salz, schwarzer Pfeffer
aus der Mühle

Sauerkrautfüllung
1 kleine Zwiebel
1 EL Butterschmalz
300 g Sauerkraut
100 ml Apfelsaft aus
Werder
3 hart gekochte Eier
1 EL gehackter Dill

Fleischfüllung
1 kleine Zwiebel
1 EL Butter
200 g Lammhackfleisch
100 g Ziegenfrischkäse
1 TL fein gehackte
Minze
1 EL Kapern

❯ Mehl in eine Schüssel sieben. In die Mitte eine Mulde drücken. Butter in Stückchen, Salz und Wasser hineingeben. Das Ei darüber schlagen. Die Teigzutaten rasch vermengen, dabei zum Schüsselrand hin arbeiten. Wenn der Teig nicht geschmeidig ist, Wasser zugeben. Zur Kugel formen, in Klarsichtfolie hüllen und mindestens 1 Stunde im Kühlschrank ruhen lassen.

❯ Für die Pilzfüllung Steinpilze putzen, klein schneiden und in Butter weich braten. Birnen schälen, entkernen, würfeln und mit den Nüssen dazugeben. Salzen und pfeffern.

❯ Für die Sauerkrautfüllung Zwiebel schälen und fein würfeln. Im heißen Butterschmalz glasig dünsten, Sauerkraut zufügen und 20 Minuten köcheln lassen. Apfelsaft angießen. Weitere 15 Minuten dünsten. Eier schälen, hacken und mit dem Dill untermengen.

❯ Für die Fleischfüllung Zwiebel schälen und fein würfeln. In der Butter glasig dünsten und unter das rohe Hackfleisch mischen. Ziegenfrischkäse, Minze und Kapern untermengen. Salzen und pfeffern.

❯ Der Piroggenteig reicht für eine der genannten Füllungen. Sie sollten trocken und kompakt sein. Nur saubere, mit Eiweiß bestrichene Teigränder lassen sich gut schließen.

❯ Backofen auf 200 °C vorheizen. Den Teig auf bemehlter Fläche etwa 3 mm dick ausrollen. 25 bis 30 Kreise mit einem Durchmesser von etwa 8 cm aussvtechen. 1 TL der jeweiligen Füllung darauf setzen, die Ränder mit Eiweiß bepinseln und die Kreise zusammenklappen. Die Ränder mit einem Gabelrücken festdrücken. Die Teigoberfläche mit der Eigelb-Sahne-Mischung bestreichen. Die Piroggen auf ein mit Backpapier belegtes Blech setzen und etwa 15 Minuten backen. Piroggen schmecken warm und kalt. Jeweils einen Klecks saure Sahne dazu servieren.

Mohnpielen

Zutaten für 4 Portionen

50 ml Apfelsaft aus
Werder
2 EL Rum
100 g Sultaninen
1 l Milch
1 Vanilleschote
250 g gemahlener Mohn
100 g Zucker
abgeriebene Schale von
½ unbehandelten Zitrone
100 g Mandelstifte
3 Tropfen Bittermandel-
aroma
1 EL fein gehacktes
Orangeat
1 EL fein gehacktes
Zitronat
2 altbackene Schrippen
(Brötchen)
200 ml Sahne

❯ Apfelsaft erhitzen, Rum dazugeben. Vom Herd nehmen und Sultaninen darin quellen lassen. Milch zum Kochen bringen. Vanilleschote aufschlitzen und das Mark herauskratzen. Mark und Schote 10 Minuten in der heißen Milch ziehen lassen, Schote entfernen.

❯ Die Milch abermals aufkochen lassen. Mohn unter Rühren einrieseln lassen. Zucker sowie Zitronenschale unterrühren und vom Herd nehmen. Sultaninen abtropfen lassen. Mit Mandelstiften, Bittermandelaroma, Orangeat und Zitronat unter die Mohnmasse mischen. Schrippen in Würfel schneiden und in eine Schale legen. Sahne steif schlagen. Unter die warme Mohnmasse ziehen und über das Weißbrot gießen. Erkalten lassen und in tortenförmige Stücke schneiden.

Süßer Mohn gehört einfach zur Berliner Küche. Die hier beschriebenen Mohnklöße kamen aus Schlesien in die Stadt. So hieß es doch auch: »Was ein echter Berliner is, der stammt aus Breslau.«

Kartoffelklöße mit Pflaumen

Ergibt etwa 16 Klöße

1 kg mehlig kochende
Kartoffeln
1,5 kg Pflaumen
4 EL Butter
1 Ei
Salz
250 g Mehl
16 Stück Würfelzucker
1 EL Zucker
2 EL Zimtzucker

❭ Kartoffeln waschen und in der Schale kochen.

❭ Pflaumen waschen und trockenreiben. Jede Pflaume bis zu zwei Dritteln einschneiden (nicht halbieren) und entkernen.

❭ Die gegarten Kartoffeln heiß pellen und durch die Kartoffelpresse drücken. 2 EL Butter dazugeben. Das Ei untermengen und salzen. Nach und nach das Mehl einarbeiten. Kartoffelteig klebt! Immer mit bemehlten Händen auf bemehlter Fläche arbeiten.

❭ Den Teig halbieren und zwei Rollen daraus formen. Von den Rollen kleine Scheiben abschneiden und flachdrücken, bis sie groß genug sind, um jeweils eine Pflaume zu umschließen. Anstelle des Kerns jeweils 1 Stück Würfelzucker in eine Pflaume legen und sorgfältig mit Teig umschließen.

❭ 2 Liter leicht gesalzenes Wasser zum Kochen bringen, die Klöße hineingleiten lassen und in etwa 15 Minuten gar ziehen lassen. Die restlichen Pflaumen vierteln und mit etwas Wasser und 1 EL Zucker 5 Minuten köcheln lassen.

❭ Nach einer Garprobe die Pflaumenklöße mit einem Schaumlöffel herausnehmen, abtropfen lassen. Auf vorgewärmten Tellern mit dem warmen Pflaumenkompott anrichten. Restliche Butter in einer Pfanne bräunen und über die Klöße träufeln. Mit Zimtzucker bestreut servieren.

Karpfen polnisch

Zutaten für 4 Portionen

3 mittelgroße Zwiebeln
1 Karotte
1 kleine Sellerieknolle
1 kleine Stange Lauch
1 Bund Petersilie
1–2 küchenfertige
Karpfen (etwa 1,5 kg, vom
Fischhändler filetiert;
Gräten, Bauch- und
Schwanzflossen mitgeben
lassen)
1 TL Salz
1 Lorbeerblatt
3 Nelken
5 Pimentkörner
8 schwarze Pfefferkörner
50 g Lebkuchen
(Saucenlebkuchen ohne
Zuckerguss)
2 EL Sultaninen
2 EL Mandelstifte
etwas Zitronensaft
schwarzer Pfeffer
aus der Mühle
2 EL Butterflöckchen

❱ Zwiebeln schälen und grob würfeln. Karotte und Sellerie putzen, und würfeln. Lauch waschen und in Ringe schneiden. Petersilie waschen und trockenschütteln. Gräten, Bauch- und Schwanzflossen der Karpfen mit dem Gemüse in einen großen Topf geben und mit Wasser bedecken. Zum Kochen bringen. Salz, Lorbeerblatt, Nelken, Piment- sowie Pfefferkörner zugeben und etwa 30 Minuten köcheln lassen.

❱ Durch ein Sieb in einen anderen Topf abgießen. Den Lebkuchen hinein reiben. Aufkochen lassen. Sultaninen und Mandelstifte zufügen. Karpfenfilets in den Sud legen und in etwa 25 Minuten gar ziehen lassen.

❱ Mit einem Schaumlöffel herausnehmen, abtropfen lassen und warm stellen. Den Sud mit Zitronensaft, Salz und Pfeffer abschmecken. Die Karpfenfilets auf vorgewärmten Tellern anrichten und mit Sud übergießen. Butterflöckchen auf den Fisch setzen. Dazu passen Petersilienkartoffeln.

Das ursprünglich jüdische Gericht ist fester Bestandteil des traditionellen Zwölf-Speisen-Weihnachtsessens im katholischen Polen. Und die Berliner essen Karpfen blau oder polnisch zu Silvester.

Zeit fürs erste Bier!

Berliner Bierküche

Bier und Berlin pflegen einen besonderen Umgang miteinander. Manch einer versüßt den Gerstensaft mit rotem oder grünem Sirup, um ihn dann durch einen Strohhalm zu saugen. Zum Bockbier gibt es die passende Bockwurst. Braumeister Bötzow lieh seinen Namen einem Stadtviertel. Einstige Brauereien heißen heute Pfefferberg oder Kulturbrauerei. Und der Stolze Heinrich ist eine in Lebkuchen-Bier-Sauce schwimmende Wurst.

Knuspriger Schweinebraten

Zutaten für 6 Portionen

Für den Braten
2 Bund Suppengrün
2 große Zwiebeln
2 Knoblauchzehen
1 Bund Petersilie
1 Bund Salbei
1 frischer Lorbeerzweig
1 TL Fenchelsamen
1,5 kg Schweinerücken
mit Schwarte
Salz, schwarzer Pfeffer
aus der Mühle
500 ml dunkles Bier
Cayennepfeffer

Für das Schwarzwurzelgemüse
800 g Schwarzwurzeln
4 EL Weißweinessig
4 EL Butter

❱ Backofen auf 220 °C vorheizen. Suppengrün waschen, putzen, und in Stücke schneiden. Zwiebeln und Knoblauch schälen und grob hacken. Petersilie, Salbei sowie Lorbeer waschen und trockenschütteln. Fenchelsamen im Mörser anstoßen. Schweinerücken waschen und trockentupfen. Mit Salz, Pfeffer und Fenchelsamen einreiben.

❱ Auf der Schwartenseite in eine Fettpfanne oder einen Bräter geben, mit den Kräutern bedecken und das Gemüse darum herumlegen. 500 ml Wasser angießen und den Braten auf der mittleren Schiene in den Ofen schieben. Nach 30 Minuten das Fleischstück wenden und die Schwarte mit einem scharfen Messer rautenförmig einschneiden. Die Temperatur auf 180 °C reduzieren und weitere 1 ½ Stunden im Ofen garen. In dieser Zeit den Braten immer wieder mit etwas Bier begießen. Das dunkle Bier sorgt für die glänzende Bräune und den leichten Karamellgeschmack.

❱ Schwarzwurzeln bürsten und mit kochendem Wasser übergießen. Abkühlen lassen und mit einem Sparschäler dünn schälen. Für diese Arbeit unbedingt Küchenhandschuhe anziehen. Die sauber geputzten, gewaschenen Stangen in 4 cm lange Stücke schneiden und in kaltem Essigwasser vor dem Verfärben bewahren. Das Gemüse in schwach gesalzenem Wasser unter Zugabe von 2 EL Essig in 15 bis 20 Minuten gar kochen. Kochwasser abgießen und das Gemüse in Butter schwenken. Mit Salz, Pfeffer und eventuell einem Spitzer Essig abschmecken.

❱ Den fertigen Schweinebraten aus dem Bratenfond nehmen und warm halten. Bratenfond in einen Topf gießen, mit einem Stabmixer pürieren und durch ein Sieb abgießen. Mit Salz, Pfeffer und Cayennepfeffer abschmecken.

❱ Den Braten in Tranchen schneiden und mit der Sauce und den Schwarzwurzeln anrichten. Dazu passen Salzkartoffeln.

Stolzer Heinrich

Zutaten für 4 Portionen

2 EL Butterschmalz
4 gebrühte Bratwürste
100 ml Rinderbrühe
(Grundrezept Seite 38)
400 ml dunkles Bier
1 große Zwiebel
40 g Lebkuchen
(Saucenlebkuchen ohne
Zuckerguss)
½ TL frisch gehackter
Ingwer
2 Gewürznelken
Salz, schwarzer Pfeffer
aus der Mühle
Saft von ½ Zitrone
1 Prise Zucker

❱ Butterschmalz in einer Pfanne erhitzen. Bratwürste darin von allen Seiten knusprig braun braten. Herausnehmen und warm halten. Den Bratensatz mit der Rinderbrühe und dem dunklen Bier loskochen.

❱ Zwiebel schälen, fein würfeln und in die Pfanne geben. Den Saucenlebkuchen hinein reiben. Mit Ingwer und Nelken würzen. Die Sauce 20 Minuten köcheln lassen. Mit Salz, Pfeffer, Zitronensaft und Zucker abschmecken.

❱ Die Bratwürste auf vorgewärmten Tellern mit der sämigen Sauce übergießen. Als Beilage Kartoffelmus (Rezept Seite 28) reichen, aber mit Buttermilch zubereitet.

»Die Schornsteine des Böhmischen Brauhauses, zierlich wie die Türmchen der Alhambra, ragen neben den gewaltigen Schlöten der Patzenhoferschen Brauerei in die Luft. Rechts und links sind Gärten in welchen Tausende Platz finden können und heut, an dem warmen Sommersonntagabend, wohl auch Platz gefunden haben. Wandernde Massen bedecken das Trottoir.«
Julius Rodenberg, *Sonntag vor dem Landsberger Tor*

Blut- und Leberwurst mit Bierkraut

Zutaten für 6 Portionen

2 kleine Zwiebeln
2 EL Schmalz
500 ml helles,
würziges Bier
1,2 kg Spreewälder
Sauerkraut aus dem Fass
1 Lorbeerblatt
2 Gewürznelken
8 Wacholderbeeren
5 Koriandersamen
2 kochfeste Äpfel
Salz, schwarzer Pfeffer
aus der Mühle
1 EL Zucker

Für die Würste

2 mittelgroße
Zwiebeln
1 Bund Petersilie
4 Zweige Majoran
2 l Rinderbrühe
(Grundrezept Seite 38)
1 Lorbeerblatt
8 schwarze
Pfefferkörner
6 frische Blutwürste
à 160 g
6 frische Leberwürste
à 160 g

❱ Für das Bierkraut Zwiebeln schälen und fein würfeln. Im heißen Schmalz glasig dünsten. Sauerkraut dazugeben, nur kurz andünsten und mit Bier ablöschen. Bei schwacher Hitze etwa 40 Minuten zugedeckt köcheln lassen. Die Gewürze in einem Kräutersäckchen aus Leinen mitkochen und vor dem Servieren entfernen. Eventuell Bier nachgießen.

❱ Äpfel schälen, entkernen und würfeln. Dem Sauerkraut beifügen und weitere 15 Minuten köcheln lassen. Mit Salz, Pfeffer und Zucker abschmecken.

❱ Für die Wurstbrühe Zwiebeln schälen und halbieren. Die Kräuterstängel waschen und trockenschütteln. Alle Zutaten bis auf die Würste in einen großen Topf geben und 15 Minuten köcheln lassen. Hitze reduzieren. Die Wurstbrühe darf nicht mehr kochen!

❱ Die Würste hineingeben und 20 Minuten ziehen lassen. Kraut und Würste auf einer großen Platte anrichten. Dazu passen knusprige Majoran-Bratkartoffeln, Spreewälder Mixed Pickles, würziges Bier und scharfer Senf.

Tipp Die besten Blutwürste von Berlin kauft man in der Blutwurstmanufaktur beim Blutwurstritter Marcus Benser, schwarze Blutwürste ohne Speckstückchen. Für seine Verdienste um die Blutwurst schlug die *Confrérie des Chevaliers du Goûte-Boudin* den Berliner Metzgermeister im Jahr 2004 zum »Ritter der Blutwurst«, eine Ehre, die auch Paul Bocuse zu Teil wurde.

Berliner Legende Ein wegen seiner Würste gerühmter Metzgermeister stellte sich an ein oder zwei Tagen der Woche mit strahlend weißer Schürze vor seinen Laden, um dem Publikum zu signalisieren: heute frische Blutwurst. Bis eine Lähmung ihn heimsuchte. Die Schlachtersfrau übernahm das Würstefüllen und setzte traditionsgemäß ihren kranken Gatten mit weißer Schürze auf einem Stuhl vor die Tür. Als der Meister starb, luden Stuhl und Schürze, jetzt unbemannt, weiterhin zum Wurstkauf ein.

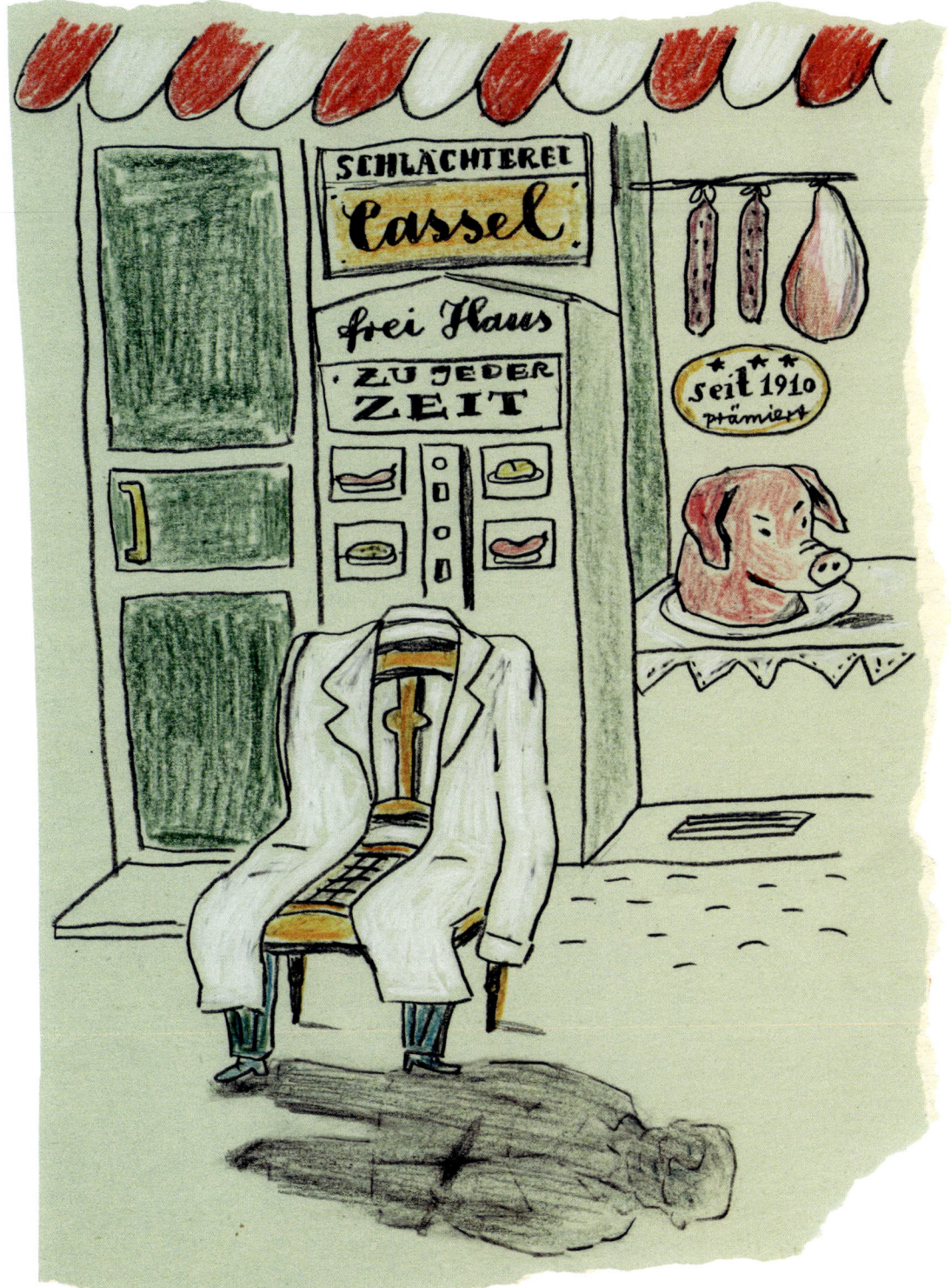

Süße Winterbiersuppe

Zutaten für 4–6 Portionen

100 g Sultaninen
2 EL Rum
500 ml Milch
300 ml Sahne
500 ml würziges,
helles Bier
1 EL Honig
1 daumengroßes Stück
unbehandelte Orangen-
schale
2 Kardamomkapseln
½ Zimtstange
1 Nelke
4 Eigelb
schwarzer Pfeffer
aus der Mühle
12 frische
Baguettescheiben

❭ Sultaninen mit Rum beträufeln und 30 Minuten ziehen lassen. Milch, 200 ml Sahne und Bier in einem Topf gut verrühren. Mit Honig süßen, Orangenschale und Gewürze hinzufügen. Zum Kochen bringen. Bei schwacher Hitze 15 Minuten köcheln lassen. Durch ein Sieb abgießen.

❭ Sultaninen in die Suppe geben. Eigelb mit der restlichen Sahne verquirlen und in die nicht mehr kochende Suppe einrühren. Mit etwas Pfeffer abschmecken. Baguettescheiben rösten, je 2 bis 3 Stück in vorgewärmte Teller legen, mit Suppe übergießen und sofort servieren.

Leider sind Biersuppen aus der Mode und in Vergessenheit geraten. Und wer sich auf diese Speise einlässt, muss ein bisschen Mut zum Ausprobieren haben. Die Wahl des Bieres spielt eine große Rolle, ob frisch und fruchtig, süffig und malzig oder herb und würzig.

Schwarzbiersuppe

Zutaten für 4 Portionen

200 g gemischtes
Dörrobst
1 l Schwarzbier
80 g Zucker
1 TL abgeriebene Schale
von einer unbehandelten
Zitrone
300 ml saure Sahne
4 Eigelb
Salz, schwarzer Pfeffer
aus der Mühle

❭ Gedörrte Früchte in kleine Würfel schneiden. In warmem Wasser 1 Stunde einweichen. Dann das Obst im Einweichwasser mit Bier, Zucker und Zitronenschale 15 Minuten köcheln lassen. Saure Sahne einrühren und kurz aufkochen lassen.

❭ Den Topf beiseite stellen. Eigelb mit 2 EL Wasser verquirlen und die Suppe damit binden. Mit Salz und Pfeffer abschmecken und heiß servieren.

Mit einer warmen Biersuppe begann für so manchen Berliner Arbeiter – Wedding, III. Hof, Küche, halbes Zimmer, 3 Kinder, Frau näht Kragen und wäscht für feine Leute – ein langer Tag. Und endete sehr zum Graus der Hausfrau bei Mampe, im Walfisch oder beim Blauen Affen mit Molle und Korn. Wen wundert's? Um 1820 sind in Berlin 74 Brauereien ansässig. Im Jahr 1905 werden in dieser Stadt exakt 13.018 Destillen gezählt, das macht 157 Berliner pro Kneipe.

Zitronen-Bier-Suppe

Zutaten für 4 Portionen

5 unbehandelte Zitronen
1 Vanilleschote
250 ml mildes, helles Bier
1 EL Speisestärke
Zucker
1 Messerspitze Ingwer-
pulver
Blättchen von Zitronen-
melisse oder Zitronen-
basilikum zum Bestreuen

❯ Zitronen waschen, 4 Zitronen schälen, die weißen Häute entfernen und das Fruchtfleisch in Scheiben schneiden. In einen Topf legen und mit 1 Liter Wasser auffüllen. Zum Kochen bringen. Dann abgedeckt bei schwacher Hitze 10 Minuten köcheln lassen.

❯ Vanilleschote aufschlitzen und Mark herauskratzen. Zu den Zitronenscheiben geben und im geschlossenen Topf 10 Minuten ziehen lassen. Durch ein Sieb abgießen, dabei das Zitronenfruchtfleisch ausdrücken. Die Flüssigkeit wieder in den Topf geben und das Bier dazu gießen. Kurz aufkochen lassen.

❯ Speisestärke in etwas kaltem Wasser in einer Tasse auflösen. Die köchelnde Suppe damit binden. Mit Ingwer und Zucker nach Belieben abschmecken. Von der letzten Zitrone Zesten reißen und über der Suppe verteilen. Eventuell auch den Saft der abgezogenen Zitrone verwenden.

❯ Zitronenmelissenblättchen über die Suppe streuen. Diese sommerliche, erfrischende Suppe kann warm oder auch gut gekühlt gegessen werden.

Dorsch im Teigmantel

Für den Ausbackteig
250 g Mehl
1 Ei
2 EL Sonnenblumenöl
250 ml helles Bier
½ TL Salz

Für die Remouladensauce
180 ml Mayonnaise
(Rezept Seite 12, ohne
Johannisbeergelee)
1 EL Weißweinessig
1 TL mittelscharfer Senf
1 EL gehackte Petersilie
1 EL Kapern
Salz, schwarzer Pfeffer
aus der Mühle

Für den Dorsch
800 g Dorschfilet
1 EL Zitronensaft
750 ml Erdnussöl
Zitronenspalten
eingelegte Silber-
zwiebelchen

❯ Für den Ausbackteig alle Zutaten zu einer glatten Masse verrühren. 15 Minuten quellen lassen.

❯ Mayonnaise mit Essig und Senf glattrühren. Petersilie und Kapern unterheben. Kräftig mit Salz und Pfeffer abschmecken.

❯ Fischfilet abspülen, trockentupfen und in mundgerechte Stücke teilen. Mit Zitronensaft beträufeln und 10 Minuten ziehen lassen. Das Erdnussöl in einer tiefen Kasserolle auf 170 °C erhitzen. Die Fetttemperatur mit einem Küchenthermometer prüfen. Fischstücke durch den Bierteig ziehen und im heißen Fett in etwa 4 Minuten goldgelb ausbacken.

❯ Das Frittieren sollte portionsweise geschehen, sonst sinkt die Temperatur des Fetts zu stark ab. Die Fischstücke mit einem Schaumlöffel herausnehmen. Auf Küchenkrepp gut abtropfen lassen. Auf einer vorgewärmten Platte anrichten und mit Zitronenspalten garnieren. Mit Remouladensauce und eingelegten Silberzwiebelchen servieren. Dazu passt Kartoffelsalat (Rezept Seite 22).

Nach janz weit draußen

Ausflug ins Grüne
Am Wochenende zieht es den Berliner ins Grüne. Er ist gesellig und radelt mit Freunden und vollem Picknickkorb – Quiche und Cidre anstatt Klappstulle und Muckefuck – drauflos zu den Kiefernwäldern und Seenlandschaften. Der Laubenpieper zwischen den Bahngleisen feiert mit Bowle unterm Apfelbaum und Lampionhimmel. Die Gartenkolonie Eden ackert biologisch seit über 100 Jahren und auf der Havelinsel Werder blüht Berlins Obstgarten.

Kalte Gurkensuppe mit Gänseblümchen

Zutaten für 4 Portionen

2 große Salatgurken
2 Knoblauchzehen
500 g Naturjoghurt
100 ml Sahne
Salz, schwarzer Pfeffer
aus der Mühle
1 Prise Zucker
1 EL Weißweinessig
1 EL fein gehackter Dill
Gänseblümchen zum
Bestreuen

❱ Gurken schälen und die Enden abschneiden. Jeweils längs halbieren, mit einem Teelöffel entkernen und das Fruchtfleisch in grobe Stücke schneiden. Knoblauch schälen, durch eine Presse drücken und mit den Gurkenstücken, dem Joghurt und der Sahne im Mixer fein pürieren. Mit Salz, Pfeffer, Zucker und Essig abschmecken.

❱ Dill unterheben und die Suppe im Kühlschrank abgedeckt mindestens 2 Stunden gut durchkühlen lassen.

❱ Blütenköpfe der Gänseblümchen von den Stängeln zupfen, vorsichtig abbrausen, trockenschütteln und vor dem Servieren über die Suppe streuen.

»Jeder Weltstädter fühlt das Bedürfnis, so bald er mehr als ein Dutzend Bäume erblickt, sich für einen Naturschwärmer und Bukoliker (Hirtenlieddichter; Anm. d. Red.) auszugeben und sich mit ekstatischem Augenaufschlag nach groben Brot und frischem Quellwasser zu sehnen; das verhindert ihn aber nicht, während er so die Reize des Landlebens mit viel schönen Reden preist, in Ermangelung von Ziegenkäse und Schwarzbrot einstweilen kaltes Geflügel mit Trüffeln zu verspeisen und dazu Johannisberger Auslese zu trinken.«
Maximilian Harden, *Weltstadtkalender Juni*

Petersilienpesto

Zutaten für 4–6 Portionen

2 große Bund
glatte Petersilie
5 kleine Gewürzgurken
3 Knoblauchzehen
100 g Feta
2 EL Kapern
80 g Walnusskerne
Saft von ½ Zitrone
etwa 200 ml Olivenöl
Salz, schwarzer Pfeffer
aus der Mühle

❯ Petersilienstängel waschen, trockenschütteln, Blätter von den dicken Stielen zupfen. Die Gewürzgurken grob hacken. Knoblauch schälen. Feta mit einer Gabel zerkrümeln.

❯ Petersilienblätter, Gewürzgurken, Knoblauch und Feta mit Kapern, Walnüssen und Zitronensaft in einen Mixer geben. Kräftig durchmixen, dann nach und nach das Olivenöl zufügen, bis eine sämige Paste entsteht. Kräftig mit Salz und Pfeffer würzen.

❯ Dieses Pesto schmeckt wunderbar zu gegrilltem Fisch und Fleisch. Für ein Picknick ist das Pesto zu geräuchertem Fisch oder einfach auf frischem Brot eine Delikatesse.

Der Berliner liebt das Grüne: auf dem Balkon, vor der Datsche oder Jotwede, was nichts anderes heißt, als janz weit draußen. Grüne Woche, grüne Gurke, grüne Klöße und – wer sich mag, ist sich grün. Für muntere Sangesbrüder, die Turnerriege und das Damenkränzchen, für Großfamilien und Kegelfreunde gibt es kein Halten mehr bei Wochenend und Sonnenschein.

Erdbeerbowle

Ergibt etwa 12 Gläser

500 g frische vollreife
Erdbeeren
3 EL Zucker
750 ml fruchtiger Weiß-
wein z. B. Grauburgunder
aus der Pfalz
750 ml trockener Sekt,
z.B. Rieslingsekt, gut
gekühlt

❱ Erdbeeren verlesen, waschen, trockentupfen und vierteln.
❱ Die Früchte in ein Bowlegefäß geben, mit Zucker bestreuen und
mit 250 ml Wein übergießen. Etwa 1 Stunde abgedeckt kühl
stellen.
❱ Den restlichen Wein dazugeben. Nochmals mindestens 1 Stunde
kühl stellen. Kurz vor dem Servieren mit Sekt auffüllen.

Tipp Bowle gilt als angestaubt, so wie das Glasungetüm in Omas
Vitrine. Doch ihre Wiederentdeckung an lauen Sommerabenden
mit guten Freunden lohnt sich!

Kürbissuppe mit Salbeibrot

Zutaten für 4 Portionen

Für das Brot
300 g Weizenmehl
½ TL Salz
20 g frische Hefe
½ TL Zucker
150 ml lauwarmes Wasser
1 Handvoll frische
Salbeiblätter
3 EL Olivenöl

Für die Suppe
1 kg Hokkaidokürbis
1 mittelgroße Zwiebel
2 Knoblauchzehen
2 mittelgroße Karotten
½ kleine Sellerieknolle
2 EL Olivenöl
1 l Gemüsebrühe
1 Stück Ingwer, etwa
2 cm lang, geschält
1 Messerspitze Currypulver
Salz, schwarzer Pfeffer
aus der Mühle
100 ml Sahne
1 EL Zitronensaft
Cayennepfeffer
Kapuzinerkresseblüten

❭ Für das Brot Mehl und Salz in einer großen Schüssel vermengen. In die Mitte eine Mulde drücken, die Hefe hineinbröckeln, Zucker darüber streuen und 2 EL Wasser in die Mulde geben. In der Mulde vorsichtig verrühren. Nach und nach das restliche Wasser dazugeben. Den Teig kräftig durchkneten, bis er glänzt und geschmeidig ist. Zugedeckt an einem warmen zugluftfreien Ort 30 Minuten gehen lassen.

❭ Den Salbei waschen, trockentupfen, die Blätter grob hacken und mit 2 EL Olivenöl unter den Teig arbeiten. Abdecken und etwa 1 Stunde gehen lassen, bis sich das Volumen verdoppelt hat.

❭ Backofen auf 200 °C vorheizen. Den Teig zu einem länglichen Brot formen und in der Nähe des Ofens 10 Minuten ruhen lassen, dann mit dem restlichen Olivenöl einpinseln und auf der unteren Einschubleiste etwa 25 Minuten backen.

❭ Für die Suppe den Kürbis bürsten und waschen, dann vierteln, Kerne entfernen und Fruchtfleisch mit der Schale in grobe Stücke schneiden. Zwiebel, Knoblauch, Karotten sowie Sellerie schälen und fein würfeln. Öl in einem großen Topf erhitzen und das Gemüse darin anschwitzen.

❭ Mit der Gemüsebrühe aufgießen. Ingwer fein dazu reiben. Mit Currypulver, Salz und Pfeffer würzen. Bei schwacher Hitze etwa 25 Minuten zugedeckt köcheln lassen. Pürieren und durch ein Sieb streichen. Eventuell Gemüsebrühe zufügen, wenn die Suppe zu dickflüssig ist.

❭ Sahne unterrühren und die Suppe nochmals kurz aufkochen lassen. Zitronensaft unterziehen und kräftig mit Cayennepfeffer abschmecken. Die Suppe in vorgewärmte Teller füllen und mit Kapuzinerkresseblüten verzieren. Das frische Salbeibrot dazu reichen.

Lauchkuchen mit Äpfeln

Für 1 Springform
(28 cm Durchmesser)

Für den Teig
250 g Mehl
¼ TL Salz
125 g kalte Butter
1 verquirltes Ei
Butter

Für den Belag
500 g Lauch
2 kleine Zwiebeln
1 EL Butter
100 ml Apfelwein aus
Werder
1 EL Estragonblättchen
Salz, schwarzer Pfeffer
aus der Mühle
2 kochfeste Äpfel
Saft von ½ Zitrone
150 g Ziegenfrischkäse

Für den Guss
1 Ei
200 ml Sahne
½ TL scharfer Senf
Cayennepfeffer
geriebene Muskatnuss

❭ Backofen auf 220 °C vorheizen. Mehl in eine Schüssel sieben. Salz untermischen. Butter in kleinen Stücken zufügen und mit den Fingern rasch mit dem Mehl verreiben. Das verquirlte Ei unterarbeiten und zu einem geschmeidigen Teig kneten. Eventuell etwas kaltes Wasser hinzufügen. Den Teig zur Kugel formen, in Klarsichtfolie wickeln und im Kühlschrank 1 Stunde ruhen lassen.

❭ In der Zwischenzeit Lauch putzen, waschen und in 1 cm breite Ringe schneiden. Zwiebeln schälen und in feine Ringe schneiden. Butter in einer großen Pfanne erhitzen und Lauch sowie Zwiebeln darin andünsten. Mit Apfelwein ablöschen und die Flüssigkeit vollständig einkochen lassen. Die Estragonblättchen hinzufügen. Kräftig mit Salz und Pfeffer würzen. Abkühlen lassen.

❭ Äpfel waschen, trockenreiben, halbieren, vom Kerngehäuse befreien und in dünne Spalten schneiden, mit Zitronensaft beträufeln und zugedeckt beiseite stellen.

❭ Teig 3 mm dick ausrollen. Quiche- oder Springform mit Butter ausstreichen, mit dem Teig auslegen, überstehenden Rand mit einem scharfen Messer abschneiden oder später teilweise über die Füllung klappen. Den Teig mit einer Gabel mehrmals einstechen, mit Backpapier belegen und eine kleine feuerfeste, leere Backform zum Beschweren darauf stellen. Im Ofen 10 Minuten auf der unteren Einschubleiste vorbacken.

❭ Inzwischen den Guss zubereiten. Hierfür Ei, Sahne und Senf gründlich verquirlen. Mit Cayennepfeffer, Muskatnuss, Salz und schwarzem Pfeffer würzen.

❭ Vorgebackenen Teig aus dem Ofen nehmen. Die leere Backform und das Backpapier entfernen. Die Backofentemperatur auf 200 °C reduzieren. Lauchfüllung auf dem Teig verteilen. Die Apfelspalten leicht überlappend darüber schichten. Ziegenfrischkäse dünn auf den Apfelspalten verstreichen. Guss darübergeben und den Lauchkuchen auf der unteren Einschubleiste etwa 25 bis 30 Minuten backen. Lauwarm servieren.

Variante Es geht schneller mit Fertigblätterteig und dann hinaus nach janz weit draussen zu Mutter Natur.

Kartoffelkuchen mit Minze

Zutaten für 4–6 Portionen

Für den Teig
300 g mehlig kochende
Kartoffeln
½ TL Salz
300 g Mehl
150 ml zimmerwarme
Milch
20 g frische Hefe
1 Prise Zucker

Für den Belag
400 g vollreife Tomaten
1 Knoblauchzehe
1 mittelgroße Zwiebel
2 EL Olivenöl
schwarzer Pfeffer
aus der Mühle
3 kleine Zucchini
3 frische Minzezweige

❯ Kartoffeln waschen und mitsamt Schale in Salzwasser gar kochen. Heiß pellen und durch eine Kartoffelpresse in eine große Schüssel drücken. Mit ½ TL Salz würzen. Nach und nach mit 250 g Mehl und zimmerwarmer Milch (2 EL zurückbehalten) vermengen. In die Mitte eine Mulde drücken, die Hefe hineinbröckeln, Zucker darüber streuen und 2 EL Milch in die Mulde geben. Diesen Vorteig in der Mulde vorsichtig verrühren, mit einer dünnen Schicht Mehl bestäuben. Die Schüssel mit einem Tuch abdecken und an einem warmen, zugluftfreien Ort 20 Minuten ruhen lassen.

❯ Restliches Mehl dazugeben. Den Teig kräftig durchkneten, bis er nicht mehr klebt. Eventuell mehr Mehl zugeben. Kartoffelteig klebt! Abdecken und etwa 30 Minuten gehen lassen.

❯ Backofen auf 200 °C vorheizen. Die Haut der Tomaten über Kreuz einritzen, auf einer Schaumkelle kurz in kochendes Wasser tauchen, häuten und entkernen. Das Fruchtfleisch würfeln und abtropfen lassen. Knoblauch sowie Zwiebel schälen und fein würfeln. Olivenöl in einer Pfanne erhitzen, Knoblauch und Zwiebel glasig dünsten. Tomatenwürfel dazugeben. Kräftig salzen und pfeffern. Unter gelegentlichem Rühren sämig einkochen lassen. Vom Herd nehmen. Zucchini putzen, waschen und in dünne Scheiben schneiden. Minze waschen, trockenschütteln, die Blätter zupfen und in Streifen schneiden.

❯ Den Kartoffelteig auf einer Lage bemehltem Backpapier sehr vorsichtig zu einem Rechteck ausrollen. Mitsamt dem Papier auf ein Backblech geben. Die Tomatensauce über den Teig streichen. Die Minze darüber streuen. Mit den Zucchinischeiben belegen, kräftig pfeffern. Den Kartoffelkuchen auf der mittleren Einschubleiste etwa 25 bis 30 Minuten backen. Lauwarm oder kalt servieren.

Schinkeneier im Mangoldnest

Zutaten für 4 Portionen

4 Eier
4 große Scheiben
Schinkenspeck
2 EL Öl
500 g junger, rotstieliger
Mangold
2 EL Weißweinessig
4 EL Sonnenblumenöl
2 EL Gemüsebrühe
Salz, schwarzer Pfeffer
aus der Mühle
1 TL frische
Majoranblättchen
Paprika edelsüß
1 EL Kapern

❯ Eier je nach Größe in 4 bis 5 Minuten wachsweich kochen. Abschrecken und pellen. Schinkenspeck sorgfältig um die Eier wickeln und mit reichlich Küchengarn fixieren. Öl in einer Pfanne erhitzen und die Schinkeneier bei mittlerer Hitze von allen Seiten knusprig anbraten. Herausnehmen, abkühlen lassen, vom Küchengarn befreien und mit einem sehr scharfen Messer längs halbieren.

❯ Mangold von den Stielenden befreien, waschen und trockenschleudern. Aus Essig, Gemüsebrühe und Öl ein Dressing rühren. Mit Salz und Pfeffer abschmecken. Majoranblättchen unter den Mangold mischen. Mangold in einer flachen Schale anrichten und mit dem Dressing beträufeln. Die Eihälften in das »grüne Nest« setzen, mit Paprikapulver und Pfeffer bestreuen, mit je 2 Kapern garnieren und sofort servieren.

Variante Statt mit zartem Mangold kann man den Frühling auch mit jungem Sauerampfer, Spinat oder Löwenzahn willkommen heißen.

Und so empfängt der Berliner Dichter Arno Holz (1863–1929) den Lenz: »Die Ammer flötet tief im Grund, der Frühling blüht mein Herz gesund.«

Knoblauchkartoffeln mit Leinölquark

2 Frühlingszwiebeln
1 Bund Schnittlauch
500 g Magerquark
2 EL Leinöl
etwas Mineralwasser
Salz, schwarzer Pfeffer
aus der Mühle
1 kg kleine, neue Kartof-
feln (möglichst Bioware)
1 ganze, frische
Knoblauchknolle

❱ Frühlingszwiebeln putzen, waschen und in schmale Ringe schneiden. Schnittlauch waschen, trockenschütteln und in feine Röllchen schneiden. Quark in eine Schüssel geben. Leinöl, Frühlingszwiebeln und Schnittlauch untermischen. Unter Zugabe
von etwas Mineralwasser cremig rühren. Mit Salz und Pfeffer
abschmecken. Den Quark im Kühlschrank zugedeckt mindestens
1 Stunde ziehen lassen.

❱ Inzwischen die Kartoffeln unter fließendem Wasser sehr gründlich abbürsten, da sie mitsamt Schale verzehrt werden. Knoblauchknolle waschen und quer halbieren. Mit den Kartoffeln in
Salzwasser gar kochen. Abgießen. Die Kartoffeln mit dem Knoblauch anrichten und den Quark dazu reichen.

Vor mehr als 100 Jahren machte sich die Berliner Obrigkeit
ernste Sorgen darob der städtischen Verlockungen des Lohnar-
beiters. Gartenarbeit sollte vor Alkohol, Glücksspiel und anderen zwielichtigen Vergnügungen schützen, außerdem sollte sie
den Speiseplan bereichern. Die Stadt verpachtete deshalb güns-
tige Gartenparzellen. Womit allerdings niemand gerechnet hatte,
war, dass zu jeder Laubenkolonie ein Siedlerheim mit Bieraus-
schank gehörte!

Ingwerbirnen

Zutaten für 4 Portionen

500 g Birnen
375 ml Wasser
3 EL Zucker
1 Stück Ingwer, etwa
2 cm lang, geschält
2 EL Weißweinessig

❱ Birnen waschen, schälen und halbieren, Kerngehäuse entfernen und die Früchte je nach Größe vierteln oder achteln. Wasser mit Zucker und Ingwer zum Kochen bringen. Weißweinessig und Birnen zufügen.
❱ Einmal aufkochen lassen und dann die Birnen kurz gar ziehen lassen, sie sollten nicht zerfallen. Ingwer entfernen und das Kompott vor dem Servieren abkühlen lassen.

Tipp Warme Ingwerbirne passt wunderbar zu Vanilleeis.

Sauerkirschauflauf

**Für eine ovale Auflauf-
form (36 x 21cm)**

Butter
400 g frische
Sauerkirschen (ersatz-
weise aus dem Glas)
4 Eier
1 Prise Salz
3 EL Zucker
100 ml saure Sahne
200 g Mehl
200 ml Buttermilch
Puderzucker
zum Bestäuben

❱ Backofen auf 200 °C vorheizen. Die Auflaufform mit Butter ausstreichen. Kirschen verlesen, waschen, abtropfen lassen und entkernen.

❱ Eier trennen. Eiweiß mit einer Prise Salz steif schlagen. Eigelb
und Zucker schaumig rühren. Saure Sahne, Mehl sowie Buttermilch dazugeben und gründlich verrühren.

❱ Eischnee unter die Masse ziehen. Den Teig in die Form füllen, die
Kirschen darüber verteilen und einsinken lassen. Den Auflauf
etwa 30 Minuten backen. Noch lauwarm dick mit Puderzucker
bestreuen und sofort servieren.

»Der Berliner nimmt alsdann etwas von der Natur der Bachstelze,
der Ente, des Storches und der Rohrdommel an, je nachdem
sein körperliches Format ihn diesem oder jenem der genannten
Vögel näher rückt. Er geht in eine Baumwollwarenhandlung und
setzt die Verkaufsmamsell in eine schreckliche Verlegenheit, in-
dem er ein Paar rote Schwimmhosen verlangt – ›auf Augenmaß
– nicht zu eng‹«.
Ernst Kossack, *Vom Wasser*

Pikanter Radieschensalat

Zutaten für 4 Portionen

1 Bund Radieschen
1 Stängel Staudensellerie
1 kleine Fenchelknolle
1 rote Zwiebel
1 EL Sonnenblumenöl
1 EL Walnussöl
4 EL Himbeeressig
Salz, schwarzer Pfeffer
aus der Mühle
1 Bund Kerbel
1 EL Sonnenblumenkerne

❯ Radieschen, Staudensellerie sowie Fenchel putzen, waschen und in sehr feine Scheiben schneiden. Zwiebel schälen und in dünne Ringe schneiden. Die Gemüsescheiben abwechselnd in eine Salatschüssel schichten.

❯ Aus Sonnenblumen- und Walnussöl sowie Himbeeressig ein Dressing rühren. Mit Salz und Pfeffer abschmecken. Den Kerbel waschen, trockenschütteln, fein hacken und unter das Dressing mischen. Über den Salat gießen.

❯ Sonnenblumenkerne in einer Pfanne ohne Fettzugabe bei mittlerer Hitze hellbraun anrösten. Vor dem Servieren über den Salat streuen.

Literaten, Torten und Tanz ab fünf

Berliner Kaffeehauskultur

Im legendären Romanischen Café residierte die Berliner Boheme unter sich: ein Nebenraum, das sogenannte Nichtschwimmerbecken, war den weniger spektakulären Gestalten vorbehalten. Dem Café Größenwahn hatte nicht etwa der Besitzer seinen Namen verliehen, sondern seine Gäste, die ihm samt und sonders verfallen waren. Sie kamen meist aus der Provinz, schrieben mitunter Weltliteratur an Kaffeehaustischen, schnorrten hemmungslos, erfanden Schüttelreime und hielten sich stundenlang an einer Tasse fest. Ins Adlon und Kempinski aber gingen die ehrenwerten Herrschaften wegen der feinen Konditorwaren, der Damenkapelle und – der Diskretion.

Napfkuchen

Für 1 Gugelhupfform
(24 cm Durchmesser)

Für den Teig
80 g Rosinen
3 EL Rum
3 EL Apfelsaft
400 g Mehl
1 Prise Salz
20 g frische Hefe
100 g Zucker
125 ml zimmerwarme
Milch
175 g weiche Butter
3 Eier
abgeriebene Schale von
1 unbehandelten Zitrone
50 g fein gehacktes
Orangeat
25 g fein gehacktes
Zitronat
Butter und Grieß
50 g ganze, ungeschälte
Mandeln
Puderzucker

❯ Rosinen in Rum und Apfelsaft einweichen.

❯ Mehl und Salz in einer großen Schüssel vermengen. In die Mitte eine Mulde drücken, die Hefe hineinbröckeln, 1 EL Zucker darüber streuen und 2 EL Milch in die Mulde geben. Diesen Vorteig in der Mulde vorsichtig verrühren, mit einer dünnen Schicht Mehl bestäuben, die Schüssel mit einem Tuch abdecken und an einem warmen, zugluftfreien Ort 15 Minuten ruhen lassen.

❯ Die restlichen Zutaten sowie die eingeweichten Rosinen mit der Flüssigkeit dazu geben. Den Teig kräftig durchkneten, bis er glänzt und geschmeidig ist. Abdecken und etwa 1 Stunde gehen lassen, bis sich sein Volumen verdoppelt hat. Eine Gugelhupfform mit Butter ausstreichen und Grieß ausstreuen. Die Mandeln auf dem Boden der Form verteilen. Den Teig nochmals kurz durchkneten, einfüllen und zugedeckt 1 weitere Stunde gehen lassen. Am besten in der Nähe des Backofens, der 15 Minuten vor Ende der Gehzeit auf 180 °C vorgeheizt wird.

❯ Den Napfkuchen auf der mittleren Einschubleiste etwa 45 Minuten backen. Etwas abkühlen lassen und noch warm aus der Form stürzen. Auf einem Kuchengitter vollkommen erkalten lassen. Mit reichlich Puderzucker bestäuben und servieren.

»Und hier wohnt Josty! – Ihr Götter des Olymps, wie würde ich euch euer Ambrosia verleiden, wenn ich die Süßigkeiten beschriebe, die dort aufgeschichtet stehen. Oh, kennet ihr den Inhalt dieser Baisers! O Aphrodite, wärest du solchem Schaum entstiegen, du wärest noch viel süßer! Das Lokal ist zwar eng und dumpfig und wie eine Bierstube dekoriert, doch das Gute wird immer den Sieg über das Schöne behaupten.«
Heinrich Heine, *Briefe aus Berlin*

Käsekuchen ohne Boden

**Für 1 Springform
(28 cm Durchmesser)**

Butter und Grieß
1 kg Magerquark
125 g Zucker
1 Päckchen
Vanillezucker
1 Päckchen
Vanillepuddingpulver
4 Eier
125 g zerlassene Butter
2 EL Grieß
2 TL Backpulver
abgeriebene Schale von
½ unbehandelten Zitrone
Zesten von
½ unbehandelten Zitrone
Saft von 1 Zitrone

❭ Backofen auf 200 °C vorheizen. Die Springform mit Butter ausstreichen und mit Grieß ausstreuen. Alle Zutaten für den Teig mit den Knethaken eines Handrührgeräts vermengen, bis ein glatter Teig entsteht.

❭ Die Masse in die Springform geben, glattstreichen und auf der mittleren Einschubleiste des Backofens in etwa 55 Minuten goldgelb backen. Auf einem Kuchengitter vollständig abkühlen lassen und erst dann aus der Form lösen.

Tipp Dieser Käsekuchen ergibt ein herrliches Sommerdessert: dick mit Puderzucker bestäuben, mit Zitronenmelisseblättchen garnieren und einer üppigen Portion frischer Himbeeren servieren.

Das Café Josty, von dessen süßen Verführungen Heinrich Heine auf Seite 124 schwärmt, zog 1880 von seinem Standort nahe des Berliner Schlosses an den Potsdamer Platz. Dreißig Jahre später saßen Berlins Expressionisten auf der Jostyterrasse in der ersten Reihe und hatten beste Sicht auf das rasante Schauspiel der Großstadt. Pferdebahnen, Automobile und gehetzte Menschen bevölkerten seinerzeit Europas verkehrsreichsten Platz Tag und Nacht.

Bienenstich

Für 1 Backblech

Für den Teig
125 g Magerquark
6 EL Sonnenblumenöl
6 EL Milch
75 g Zucker
1 Prise Salz
300 g Mehl
1 Päckchen Backpulver

Für den Belag
125 g Butter
200 g Zucker
2 EL Honig
250 g gehackte Mandeln
Bittermandelaroma
1 TL Zitronensaft
2 EL Sahne

❯ Backofen auf 190 °C vorheizen. Quark, Öl, Milch, Zucker und Salz verrühren. Mehl sowie Backpulver sieben, vermischen und mit der Quarkmasse vermengen. Den Teig auf einer bemehlten Fläche ausrollen und auf ein mit Backpapier ausgelegtes Backblech geben.

❯ Für den Belag Butter, Zucker und Honig in einer Kasserolle aufkochen. Mandeln unterrühren und nochmals aufkochen lassen. Vom Herd nehmen, einige Tropfen Bittermandelaroma und Zitronensaft untermischen. Sahne unterziehen. Die Masse sollte streichfähig, aber nicht zu flüssig sein, etwas abkühlen lassen.

❯ Den Teigboden mit einem Backpinsel dünn mit kaltem Wasser bestreichen. Anschließend mit einer Gabel regelmäßig einstechen. Die Mandelmasse gleichmäßig auf dem Teig verstreichen. Den Kuchen in 30 – 35 Minuten goldgelb backen.

Schon Alfred Döblin schickte seinen Franz Biberkopf zum Schwoof in Clärchens Ballhaus. Der Glanz von einst hat Patina angesetzt und dennoch oder gerade deshalb zählt der Spiegelsaal zu den schönsten Tanzböden der Stadt. Im Sommer fühlt sich draußen unter der Pergola jeder wohl und genießt hausgemachten Kuchen aus Clärchens Backstube.

Stachelbeerkuchen unter der Haube

Für 1 Backblech

Für den Belag
800 g frische grüne
Stachelbeeren
(ersatzweise 2 Gläser à
390 g Abtropfgewicht)
250 ml Apfelsaft aus
Werder
250 ml säuerlicher
Apfelwein aus Werder
2 EL Zucker
1 Päckchen
Vanillezucker
2 EL Grieß
2 verquirlte Eigelb

Für den Teig
3 Eier
3 EL warmes Wasser
150 g Zucker
30 g zerlassene Butter
1 Prise Salz
75 g Mehl
75 g Kartoffelstärke
½ TL Backpulver

Für die Schneehaube
8 EL Stachelbeersaft
Zitronensaft
3 Eiweiß
150 g Zucker

❯ Für den Belag frische Stachelbeeren verlesen, von den Stielansätzen befreien, waschen und abtropfen lassen. In einem Topf Apfelsaft und Apfelwein zum Kochen bringen und Zucker sowie Vanillezucker unter Rühren darin auflösen. Stachelbeeren in der Flüssigkeit bei milder Hitze zugedeckt in etwa 8 Minuten weich kochen. 8 EL Flüssigkeit für die Sahnehaube abnehmen, durch ein Sieb gießen und beiseite stellen. Grieß einrieseln lassen, gut umrühren und kurz aufkochen lassen.

❯ Wenn Sie Stachelbeeren aus dem Glas verwenden, zum Abtropfen in ein Sieb geben. 8 EL Stachelbeersaft abmessen und für die Sahnehaube beiseite stellen. Die Beeren müssen nicht gekocht werden, sondern werden vorsichtig unter den noch warmen Apfelsaft-Apfelwein-Grieß gemischt.

❯ Die Masse zum Abkühlen beiseite stellen. Die Süße prüfen, eventuell nachzuckern. Zum Schluss Eigelb unterziehen.

❯ Backofen auf 180 °C vorheizen. Für den Teig die Eier trennen. Eigelb, Wasser und Zucker schaumig rühren. Nach und nach die nicht mehr heiße Butter zufügen. Rühren bis eine weißgelbe, cremige Masse entstanden ist. Eiweiß mit einer Prise Salz steif schlagen.

❯ Mehl, Stärkemehl sowie Backpulver sieben und vermischen. Den Eischnee auf die Ei-Zucker-Masse geben und die Mehlmischung darüber verteilen. Mit einem Holzlöffel vorsichtig vermischen. Ein Backblech mit Backpapier belegen, den Teig darauf verteilen, glattstreichen und etwa 10 Minuten auf der mittleren Einschubleiste backen.

❯ In der Zwischenzeit die Schneehaube zubereiten. Hierfür den Stachelbeersaft mit ein paar Tropfen Zitronensaft aromatisieren, mit Eiweiß in eine hohe Schlüssel geben und steif schlagen. Dabei den Zucker einrieseln lassen. So lange schlagen, bis der Schnee sehr steif ist.

❯ Die Backtemperatur auf 220 °C erhöhen. Die Stachelbeermasse gleichmäßig auf dem vorgebackenen Biskuitboden verstreichen. Den Eischnee als wellige Schicht darüber geben. Den Kuchen nochmals etwa 10 Minuten backen, bis die Schneehaube goldgelb geworden ist. Abkühlen lassen und dann sofort servieren, da die Schneehaube leicht zusammenfällt.

Schneller Aprikosenkuchen

Zutaten für 1 Backblech

275 g Blätterteig
(Fertigprodukt aus
dem Kühlregal oder
Tiefkühlware)
Mehl zum Ausrollen
800 g vollreife
Aprikosen
80 g Mandelsplitter
4 – 5 TL flüssiger Honig

❯ Den Teig nach Packungsanweisung vorbereiten und auf einer bemehlten Arbeitsfläche auf etwas mehr als Backblechgröße zügig ausrollen. Ein Backblech mit Backpapier belegen, den Teig darauf geben und einen Rand formen. Etwa 30 Minuten kühl stellen.

❯ In der Zwischenzeit die Aprikosen waschen, trockentupfen, halbieren und entkernen. Den Backofen auf 220 °C vorheizen. Den Blätterteig mit einer Gabel mehrmals einstechen. Mit Mandelsplittern bestreuen und Aprikosenhälften belegen, dabei sollten die Schnittflächen nach oben zeigen.

❯ Den Kuchen auf der unteren Einschubleiste 10 Minuten backen. Dann die Backofentemperatur auf 200 °C reduzieren. Den Honig auf den Früchten verteilen. Den Kuchen auf der mittleren Einschubleiste nochmals etwa 15 Minuten backen. Dazu passt lauwarme Vanillesauce (Rezept Seite 45).

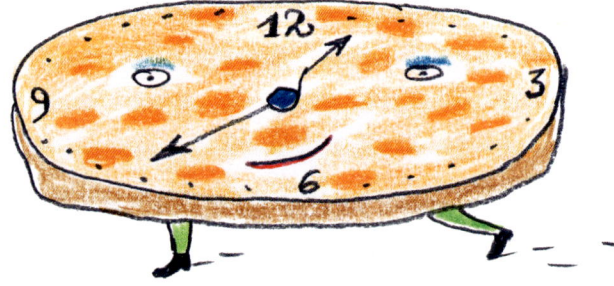

Die Invasion der Boheme im Café Größenwahn alias Café des Westens beschrieb der Inhaber Edmund Edel 1913 höchstpersönlich: »Sie saßen an den Marmortischen wie an den Wassern Babylons und weinten über die Welt und über alles Bestehende und schimpften und zeichneten Karikaturen auf den Tischdecken und auf den Marmorplatten. Die Gehirnblitze aber flogen in das Nichts und zuckten krampfhaft im Weltall auf, die Karikaturen und Zeichnungen jedoch verbot der Wirt den Kellnern wegzuradieren, und er ließ schnell Glasplatten darüberschrauben. Zum ewigen Angedenken und damit er für den Ausfall der vielen nicht bezahlten Schokoladenkakes doch wenigstens etwas hätte.

Pflaumenkuchen

Zutaten für 1 Backblech

Für den Teig
400 g Mehl
1 Prise Salz
15 g frische Hefe
2 EL Zucker
125 ml zimmerwarme
Milch
1 verquirltes Ei
50 g weiche Butter

Für den Belag
1 kg vollreife Pflaumen
oder Zwetschgen
125 g saure Sahne
2 verquirlte Eier
1 Päckchen
Vanillezucker
150 g Zucker

❱ Mehl und Salz in einer großen Schüssel vermengen. In die Mitte eine Mulde drücken, die Hefe hineinbröckeln, den Zucker darüber streuen und 2 EL Milch in die Mulde geben. Diesen Vorteig in der Mulde vorsichtig verrühren, mit einer dünnen Schicht Mehl bestäuben, die Schüssel mit einem Tuch abdecken und an einem warmen, zugluftfreien Ort 15 Minuten ruhen lassen.

❱ Die restlichen Zutaten dazugeben. Den Teig kräftig durchkneten, bis er glänzt und geschmeidig ist. Abdecken und etwa 30 Minuten gehen lassen, bis sich sein Volumen verdoppelt hat.

❱ Backofen auf 180 °C vorheizen. Ein Blech mit Backpapier belegen. Den Teig kurz durchkneten und auf einer bemehlten Fläche etwas größer als das Blech ausrollen, auf das Backpapier legen und ringsherum einen etwa 3 cm hohen Rand hochziehen. Den Teig zugedeckt weitere 15 Minuten gehen lassen.

❱ Inzwischen Pflaumen oder Zwetschgen waschen, trockenreiben, halbieren und entsteinen. Mit der Schnittfläche nach oben überlappend auf dem Teig verteilen. Den Kuchen auf der mittleren Einschubleiste etwa 15 Minuten backen. Saure Sahne mit Eiern, Vanillezucker und Zucker vermengen, auf dem vorgebackenen Pflaumenkuchen verteilen und weitere 25 Minuten in den Ofen geben. Frischer Hefekuchen schmeckt lauwarm am besten.

① Schweineohr
② Pfannkuchen =
Berliner

Überall auf der Welt heißen Berliner Berliner. Wer allerdings in Berlin danach fragt, wird sogleich als Nichtberliner, also Provinzler enttarnt. In jeder ordentlichen Berliner Bäckerei, von denen es leider nur noch wenige gibt, wird er darauf hingewiesen werden, dass es Berliner nich jibt, aber 'nen Pfannkuchen. In diesen charaktervollen Backstuben werden auch die legendären Ostschrippen gebacken, Kameruner, Amerikaner, Liebesknochen, Schweineohren und köstlicher Hefepflaumenkuchen vom Blech.

Quarkkäulchen

Ergibt etwa 50 Stück

Für den Teig
250 g Magerquark
90 ml Milch
70 g Zucker
1 Ei
1 Prise Salz
150 g Mehl
½ TL Natron
500 g Kokosfett
Puderzucker

❯ Quark und Milch in einer Schüssel glattrühren. Zucker, Ei und Salz untermischen. 120 g Mehl sieben, mit dem Natron vermischen und unter die Quarkmasse arbeiten. Der Teig sollte von fester Konsistenz sein, damit er formbar ist. Eventuell noch etwas Mehl dazugeben.

❯ Das Kokosfett in einer tiefen Kasserolle auf 170 °C erhitzen. Die Temperatur mit einem Küchenthermometer prüfen. Vom Teig mit einem Teelöffel Klößchen abstechen und diese mithilfe eines zweiten Teelöffels vorsichtig in das heiße Fett gleiten lassen. Die Klößchen portionsweise frittieren, sonst sinkt die Temperatur des Fetts zu stark ab. Klößchen in etwa 4 Minuten rundherum goldbraun ausbacken.

❯ Mit einem Schaumlöffel herausnehmen und auf Küchenkrepp gut abtropfen lassen. Die Quarkkäulchen auf eine Platte legen, mit Puderzucker bestäuben und noch warm servieren.

Omas Quarkkäulchen sind das Leibgericht von R. & E.

Friedas guter Streuselkuchen

Zutaten für 1 Backblech

Für den Kuchen
800 g vollreife gemischte
Beeren, z.B. Blaubeeren,
rote und schwarze Johan-
nisbeeren, Brombeeren,
Himbeeren
Butter
300 g Mehl
2 TL Backpulver
130 g weiche Butter
200 g Zucker
4 Eier
80 g gemahlene
Haselnüsse

Für die Streusel
130 g Mehl
1 Prise Salz
100 g Zucker
130 g kalte Butterwürfel

❯ Beeren verlesen und waschen, von Stielansätzen befreien und abtropfen lassen.

❯ Backofen auf 180 °C vorheizen. Ein Backblech mit Butter bestreichen. Mehl und Backpulver in eine Rührschüssel sieben und darin vermischen. Butter, Zucker sowie Eier zugeben und zu einem Teig verarbeiten. Auf dem Backblech verteilen, Boden und Rand mit den Fingern leicht andrücken. Die gemahlenen Haselnüsse gleichmäßig darüber streuen.

❯ Für die Streusel Mehl in eine Schüssel sieben. Mit Salz und Zucker vermischen. Die kalten Butterwürfel dazugeben und mit den Fingern rasch zu Streuseln verarbeiten.

❯ Beerenmischung auf dem Teigboden verteilen und zum Schluss die Streusel darauf geben. Den Kuchen auf der mittleren Einschubleiste in etwa 40 Minuten goldgelb backen. Vor dem Servieren abkühlen lassen.

Kalte Küche
zwischen
Mitternacht und
Morgengrauen

Köstlich amüsiert!
Mondscheinfahrt mit Quarkzigarre, Sonnenaufgang über der Spree
mit herzhaften Windbeutelchen, ein letzter Tango vor der Enten-
brust. Nachteulen flattern heimwärts und strecken die müden Beine
unter dem rasch gedeckten Küchentisch aus. Berlin macht Laune.

Backpflaumen im Speckmantel

Ergibt 12 Stück

12 Backpflaumen
ohne Stein
80 ml roter Portwein
6 Scheiben
Frühstücksspeck (Bacon)
schwarzer Pfeffer aus der
Mühle
8 Spreewälder
Senfgurken

❯ Backpflaumen in einer Schale mit Portwein überträufeln und 1 Stunde abgedeckt marinieren lassen, der Portwein wird vollkommen aufgesogen.

❯ Die Speckscheiben längs halbieren und kräftig pfeffern. Jeweils eine Backpflaume auf eine Scheibenhälfte legen, einrollen und mit einem Zahnstocher fixieren.

❯ Die Pflaumenwickel bei mittlerer Hitze von allen Seiten knusprig anbraten. Auf Küchenkrepp abtropfen lassen. Als lauwarmen oder kalten Snack mit Spreewälder Senfgurken servieren.

Nahe dem Bahnhof Friedrichstraße beobachtet 1921 Joseph Roth in Das Asyl der Reinlichen durchwachte Nächte der besonderen Art. Der Admiralspalast eher bekannt als Bühne frivoler Haller Revuen unterhielt auch ein Dampfbad, gespeist von einer hauseigenen Solquelle. Besonders gern schwitzten, palaverten und rauchten hier durchreisende Herren für 20 Mark die ganze Nacht, um am nächsten Morgen gereinigt und wieder unter Dampf die Stadt zu verlassen.

Herzhafte Windbeutelchen mit Füllung

Ergibt 20 – 25 Stück
Der Teig reicht für eine
der Füllungen

125 ml Wasser
125 ml Milch
80 g Butter
1 Prise Salz
125 g Mehl
4 Eier

Radieschenfüllung
8 Radieschen
1 Frühlingszwiebel
1 Kästchen Kresse
100 g Feta
100 g Magerquark
3 EL saure Sahne
Salz, schwarzer Pfeffer
aus der Mühle
Cayennepfeffer

Schinkenfüllung
200 g herzhafter, roher
Schinken, in Scheiben
2 EL Cognac
3 EL frisch gepresster
Orangensaft
150 g zimmerwarme
Butter
schwarzer Pfeffer aus der
Mühle

Forellenfüllung
150 g geräucherte
Forellenfilets
150 g Frischkäse
Saft von ½ Zitrone
3 Bärlauchblätter
Salz, schwarzer Pfeffer
aus der Mühle

❱ Wasser, Milch, Butter und Salz in einer hohen Kasserolle zum Kochen bringen. Mehl sieben und die gesamte Menge auf einmal in die kochende Flüssigkeit geben. Mit einem Holzlöffel kräftig rühren, bis sich die Masse vom Topfboden löst und einen Kloß bildet. Den Topf vom Herd nehmen. Nur kurz abkühlen lassen. Nach und nach die Eier mit dem Holzlöffel unter die Brandmasse arbeiten, bis ein geschmeidiger Teig entstanden ist. Zugedeckt etwa 2 Stunden kühl stellen.

❱ Backofen auf 220 °C vorheizen. Ein Backblech mit Backpapier belegen. Den gut gekühlten Teig portionsweise in einen Spritzbeutel mit Zackentülle füllen. Auf das Backpapier kleine Häufchen von etwa 3 cm Durchmesser spritzen. Dabei auf ausreichenden Abstand (mindestens 3 cm) achten, die Windbeutelchen gehen beim Backen stark auf. Den Teig rasch verarbeiten. Vor dem Backen eventuell nochmals kühl stellen.

❱ Auf der mittleren Einschubleiste in etwa 20 Minuten goldgelb backen. In den ersten 15 Minuten die Ofentüre nicht öffnen. Auf einem Kuchengitter abkühlen lassen. Vorsichtig einen Deckel abschneiden. Die Windbeutelchen reichen für eine der beschriebenen Füllungen.

❱ Für die Radieschenfüllung die Radieschen putzen, waschen, trockenreiben und in sehr dünne Hobel schneiden. Frühlingszwiebel putzen, waschen, trockenschütteln und in feine Röllchen schneiden. Kresse mit einer Küchenschere abschneiden. Feta mit einer Gabel fein zerdrücken, mit dem Quark und der sauren Sahne verrühren. Radieschenscheiben, Frühlingszwiebelringe und Kresse untermengen. Mit Salz, Pfeffer und Cayennepfeffer kräftig abschmecken.

❱ Für die Schinkenfüllung den Schinken sehr fein würfeln. Zum Gelingen dieser Creme ist es wichtig, dass alle Zutaten Zimmertemperatur haben. Mit dem Cognac und dem Orangensaft in einen Mixer geben und fein pürieren. Nun die Butter nach und nach zufügen, bis eine glatte, cremige Masse entsteht. Mit Pfeffer würzen. Abgedeckt 1 Stunde kühl stellen.

❱ Für die Forellenfüllung die Forellenfilets zerpflücken und mit dem Frischkäse und dem Zitronensaft im Mixer fein pürieren. Die Bärlauchblätter waschen und trockenschütteln. Anschließend in schmale Streifen schneiden und mit einem Holzlöffel unter die Fischmasse mengen. Mit Salz und Pfeffer abschmecken.

❱ 1 TL Füllung in das Windbeutelchen geben und die Deckel wieder aufsetzen.

Die Großstadt Berlin galt als Sündenbabel, als schaurig verruchtes Traumziel des braven Provinzlers, aber auch als Heimstatt Andersdenkender. Berlin ist immer einen Schritt voraus. Berlin zog an und Berlin zieht an. Es kommen die Macher und die Besucher in Scharen und das in nicht unerheblichen Maße wegen seines nächtlichen Treibens. Seit mehr als 60 Jahren ist Berlin die Stadt ohne Polizeistunde. Die Clubszene, die Barszene, die Theaterszene, Tänzer, Musiker, Filmleute, Galeristen … sie alle machen lange Nächte kurz.

Quarkzigarren

Ergibt 8 Stück

120 g Strudelteig
(4 Blatt à 30 g, Fertigprodukt aus dem Kühlregal)
200 g Rucola
2 Knoblauchzehen
60 g Butter
2 Sardellenfilets
3 Tomaten
100 g Magerquark
Saft von ½ Zitrone
Salz, schwarzer Pfeffer
aus der Mühle

❯ Backofen auf 200 °C vorheizen. Ein Backblech mit Backpapier belegen und den Strudelteig nach Packungsanweisung vorbereiten. Rucola von harten Stielen befreien, waschen und trockenschütteln. Knoblauchzehen schälen und fein würfeln. In einer Pfanne 1 EL Butter erhitzen, Knoblauch sowie Rucola kurz darin erhitzen. Vom Herd nehmen und abkühlen lassen. Sardellenfilets sehr fein hacken.

❯ Die Haut der Tomaten über Kreuz einritzen, auf einer Schaumkelle kurz in kochendes Wasser tauchen, häuten und entkernen. Das Fruchtfleisch würfeln und abtropfen lassen.

❯ Quark und Zitronensaft glatt rühren. Rucola, Knoblauch, Sardellenfilets sowie Tomatenwürfel untermengen. Mit Salz und Pfeffer abschmecken.

❯ Restliche Butter in einer kleinen Pfanne zerlassen. Die Teigblätter quer halbieren und großzügig mit der Hälfte der Butter einpinseln. Die Quarkmasse gleichmäßig auf den Teigstücken verstreichen. Dabei jeweils einen umlaufenden Rand von etwa 2 cm aussparen. Die Teigstücke an den Längsseiten einschlagen und zu einer Zigarre aufrollen. Mit der Nahtseite nach unten auf das Backblech legen. Mit der restlichen Butter bestreichen und in 15 bis 20 Minuten goldgelb backen.

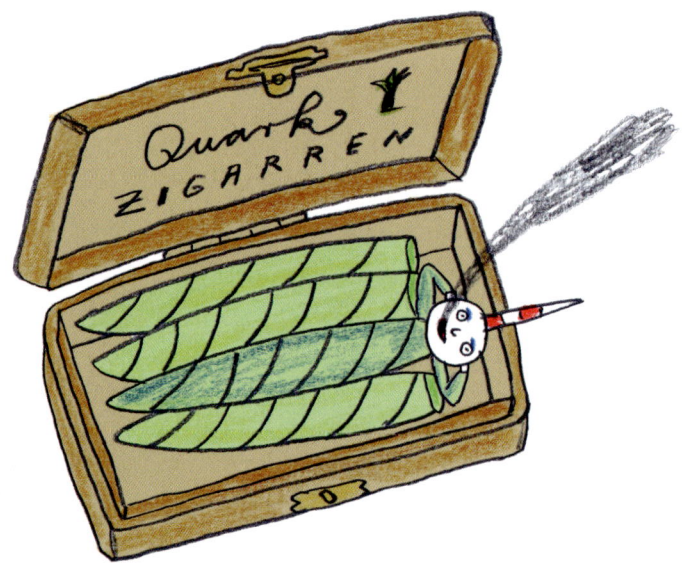

Variante Ziegenfrischkäse auf die Teigblätter streichen und eine Schicht aus körnigem Honigsenf darauf setzen.

Harzer Käse mit Musike

Zutaten für 4 Portionen

2 mittelgroße Zwiebeln
8 EL Rapsöl
8 EL Weißweinessig
8 EL Apfelwein aus
Werder
Salz, schwarzer Pfeffer
aus der Mühle
Paprika edelsüß
1 TL Kümmel
4 Stangen Harzer Käse
à 120 g

❭ Zwiebeln schälen und in dünne Ringe schneiden. Rapsöl, Weißweinessig, Apfelwein sowie Gewürze in ein Schraubglas geben, fest verschließen. Kräftig schütteln, bis die Marinade von sämiger Konsistenz ist.

❭ Harzer Käse in ein flaches, verschließbares Gefäß legen. Mit Zwiebelringen bedecken und der Marinade übergießen. Der Käse sollte von der Marinade bedeckt sein. Das Gefäß verschließen und den Käse etwa 12 Stunden bei Zimmertemperatur durchziehen lassen. Frische Schusterjungen (Rezept Seite 37) und Butter oder Schmalz dazu reichen.

Tipp Harzer Käse ist reif, wenn er keinen krümeligen, weißen Kern mehr hat. Das ist beim Einkauf schwer feststellbar. Deshalb den Käse am besten drei Tage vor dem Verzehr erwerben und gut verschlossen an einem warmen Ort reifen lassen.

Leberaufstrich mit Silberzwiebeln

Zutaten für 4–6 Portionen

Für den Leberaufstrich
200 g Berliner
Leberwurst
6 Zweige Majoran
schwarzer Pfeffer
aus der Mühle
75 ml Sahne

Für die Silberzwiebeln
300 g frische
Silberzwiebeln
5 schwarze Pfefferkörner
4 Korianderkörner
1 Lorbeerblatt
1 EL Weißweinessig
100 ml Weißwein
1 Prise Salz

Für das Apfelkompott
300 g kochfeste Äpfel
2 EL Calvados

❯ Leberwurst aus der Haut in eine Schüssel drücken. Majoran waschen und trockenschütteln, Blättchen von 3 Zweigen grob hacken und unter die Wurstmasse mischen. Kräftig pfeffern. Majoranstängel für den Silberzwiebelsud aufbewahren. Sahne leicht schlagen und mit einem Holzlöffel unter die Wurstmasse heben. Mit den restlichen Kräuterzweigen garnieren und kühl stellen.

❯ Silberzwiebeln vorsichtig schälen und mit den restlichen Zutaten sowie den 3 Majoranstängeln in einer Kasserolle aufkochen lassen. Bei geringer Hitze etwa 3 Minuten garen. Abkühlen lassen.

❯ Für das Kompott Äpfel schälen, halbieren und das Kerngehäuse entfernen. Jede Hälfte in 3 bis 4 Scheiben teilen. In einem Dämpfeinsatz über kochendem Wasser weich garen. Die genaue Garzeit hängt von der Apfelsorte und Größe der Stücke ab, die Äpfel können sehr schnell weich sein. Noch warm vorsichtig aus dem Sieb in eine Schale geben und mit Calvados beträufeln.

❯ Die abgekühlten Silberzwiebeln mit einem Schaumlöffel aus der Kasserolle nehmen und mit dem Leberaufstrich und dem Apfelkompott anrichten. Dazu Pumpernickelscheiben reichen.

Tipp Bei diesem Rezept kommt es sehr auf die Qualität und die Beschaffenheit der Leberwurst an. Die angegebene Berliner Leberwurst ist eine mittelfeine, würzige Leberwurst aus der Produktion der »Berliner Blutwurstmanufaktur« und kann dort auch online bestellt werden.

Um die Berliner Nacht zum Tag zu machen bemühten sich beispielsweise im Jahr 1929 363 Kinos sowie 75 Kabaretts, Kleinkunstbühnen und Lokale. Ein Jahr zuvor wurden 16.000 Gaststätten gezählt, davon 550 Kaffeehäuser und 220 Bars und Tanzdielen. Das Altberliner Ballhaus in Mitte mit Flirtaussicht per Tischtelefon hat mit seinem treuen Publikum alle Zeiten überdauert.

Entenbrustsalat mit Karottenpudding

Zutaten für 4 Portionen

Für den Karottenpudding

300 g Karotten
2 EL Butter
2 verquirlte Eier
1 TL frisch gehackte Minze
Salz, schwarzer Pfeffer aus der Mühle
geriebene Muskatnuss

Für den Entenbrustsalat

4 Zweige Thymian
2 küchenfertige Entenbrüste à 300 g
2 EL Öl zum Braten
400 g Chicorée
2 EL Gemüsebrühe
1 TL Honig
2 EL Weißweinessig
Saft von ½ Zitrone
4 EL mildes Olivenöl

❯ Backofen auf 200 °C vorheizen. 4 Dariole- oder Becherförmchen mit Butter ausstreichen. Aus Alufolie Deckel für die Förmchen fertigen und auf einer Seite mit Butter bestreichen. Karotten schälen und in Scheiben schneiden. 2 EL Butter in einer Kasserolle aufschäumen lassen. Karotten bei geringer Hitze weich dünsten, pürieren und durch ein Sieb streichen. Leicht abkühlen lassen. Eier und Minze unterrühren.

❯ Die Masse mit Salz, Pfeffer sowie Muskatnuss würzen und in die vorbereiteten Förmchen füllen. Mit den Alu-Deckeln verschließen. Ein tiefes Backblech 2 bis 4 cm hoch mit Wasser füllen (der Wasserstand hängt von der Höhe der Förmchen ab) – die Förmchen hineinsetzen und auf der mittleren Einschubleiste etwa 30 Minuten garen. Den Backofen ausschalten. Eventuell anhaftende Ränder mit einem scharfen Messer lösen und noch warm auf 4 Salatteller stürzen.

❯ Für den Entenbrustsalat Thymian waschen und trockenschütteln. Entenbrüste waschen und trockentupfen. Auf der Hautseite rautenförmig einschneiden, dabei nicht das darunter liegende Fleisch verletzen. Die Hautseite salzen und pfeffern.

❯ Öl in einer Pfanne mäßig erhitzen. Thymian und die Entenbrüste mit der Hautseite nach unten hineingeben. Das Fleisch zugedeckt etwa 6 Minuten anbraten. Jetzt die ungebratene Seite mit Salz und Pfeffer würzen, das Fleisch wenden und zugedeckt nochmals etwa 3 Minuten braten. Auf einen Gitterrost über einer Fettpfanne legen und in den noch warmen Backofen geben.

❯ Aus den Chicoréestauden die Strünke keilförmig herausschneiden, in einzelne Blätter teilen und waschen. Die Blätter je nach Größe längs vierteln oder achteln.

❯ Für das Dressing die Gemüsebrühe leicht erwärmen und den Honig darin auflösen. Essig, Zitronensaft und Öl unterrühren. Salzen und pfeffern.

❯ Chicoréeblätter neben dem Karottenpudding jeweils zu einem Bett arrangieren. Entenbrüste aus dem Ofen nehmen, in Tranchen schneiden, auf das Salatbett legen und mit dem Dressing übergießen. Knuspriges Weißbrot dazu reichen.

Gartensalat mit Ochsenschwanz-Dressing

Zutaten für 4–6 Portionen

1 Stange junger Lauch
1 Knoblauchzehe
1 Zweig Rosmarin
1 Zweig Thymian
100 ml klare
Ochsenschwanzsuppe
2 EL Apfelessig
3 EL Madeira
1 Messerspitze Honig
Salz, schwarzer Pfeffer
aus der Mühle
2 EL Walnussöl
2 EL mildes Olivenöl
2 EL Sahne
1 Karotte
1 Scheibe Sellerie
etwa 600 g gemischter
Gartensalat, z.B. Rucola,
Feldsalat, Eichblattsalat,
Portulak, junger Spinat,
Löwenzahn
1 TL Zitronensaft
Cayennepfeffer
2 EL Schnittlauchröllchen

❱ Lauch putzen, waschen und den weißen Teil in feine Ringe schneiden. Knoblauchzehe schälen und halbieren. Rosmarin sowie Thymian waschen und trockenschütteln.

❱ Ochsenschwanzsuppe in einer Kasserolle erhitzen. Lauchringe, Knoblauch, Rosmarin und Thymian zufügen. Offen köcheln und die Flüssigkeit auf die Hälfte reduzieren lassen. Durch ein Sieb abgießen. Mit Apfelessig, Madeira und Honig verrühren, mit Salz und Pfeffer würzen. Walnuss- sowie Olivenöl und die Sahne untermengen.

❱ Karotte sowie Sellerie schälen und in feine Streifen schneiden.

❱ Salat putzen, waschen, trockenschleudern und klein zupfen. Das Dressing mit einem Schneebesen kräftig aufschlagen. Mit Zitronensaft und Cayennepfeffer abschmecken. Kurz vor dem Servieren den Salat in einer Schüssel mit den Gemüsestreifen und dem Dressing vermischen. Alles mit Schnittlauchröllchen bestreut servieren.

»Ich liebe dich bei Nebel und bei Nacht,
wenn deine Linien ineinander schwimmen, –
zumal bei Nacht, wenn deine Fenster glimmen
und Menschheit dein Gestein lebendig macht.«
Christian Morgenstern, *Berlin*

Bohnensalat mit Blutwursttalern

Zutaten für 4 Portionen

Für das Petersilienöl
1 Knoblauchzehe
1 kleines Bund glatte
Petersilie
50 g Walnusskerne
etwa 100 ml
Sonnenblumenöl
Salz, schwarzer Pfeffer
aus der Mühle

Für den Salat
400 g ausgehülste
frische grüne dicke
Bohnen (ersatzweise
Tiefkühlware)
1 Prise Zucker
Saft von ½ Zitrone

**Für die
Meerrettichsahne**
2–3 TL frisch geriebener
Meerrettich
1 TL Zitronensaft
150 g geschlagene Sahne
Salz

Für die Blutwursttaler
1 Bund glatte Petersilie
2 Berliner Blutwürste
à etwa 170 g (z. B. aus
der Berliner Blutwurst-
manufaktur)
Mehl
Öl

❯ Für das Petersilienöl Knoblauch schälen, Petersilie waschen, trockenschütteln und die Blätter von den Stängeln zupfen, mit den Walnusskernen in einem Mixer pürieren. Dabei nach und nach das Öl zufügen bis ein sämiges Kräuteröl entsteht. Mit Salz und Pfeffer abschmecken.

❯ Die Bohnen in reichlich kochendem Salzwasser unter Zugabe von Zucker und Zitronensaft in einem geschlossenen Topf in 10 Minuten weich kochen. Je frischer die Bohnen sind, um so kürzer ist die Garzeit. Abgießen, in einem Sieb abtropfen und abkühlen lassen. Die Bohnen enthäuten, sie gleiten fast wie von selbst aus der Haut und im Petersilienöl mindestens 2 Stunden marinieren lassen.

❯ Für die Meerrettichsahne alle Zutaten vorsichtig vermengen, salzen und abgedeckt kühl stellen.

❯ Das zweite Bund Petersilie waschen, trockenschütteln, die Blätter grob hacken und mit den marinierten Bohnen vermischen. Nach Belieben nochmals kräftig nachwürzen und den Salat auf 4 Tellern anrichten.

❯ Die Blutwürste in etwa fingerdicke Scheiben schneiden, in Mehl wenden und in mäßig heißem Öl auf beiden Seiten kurz knusprig braten. Die Blutwursttaler auf Küchenkrepp abtropfen lassen und sofort auf den Bohnen verteilen. Jede Portion mit einem Klecks Meerrettichsahne versehen. Frisches Vollkornknäckebrot dazu reichen.

Zu guter Letzt bewegte Nachtgedanken vom Sprachgenie und störrischen Misanthropen Karl Kraus (1874–1936): »Wenn ich einschlafen will, muss ich immer erst eine Menge Stimmen zum Kuschen bringen. Man glaubt gar nicht, was für einen Lärm die in meinem Zimmer machen.«

Schöne Orte bei Tag und bei Nacht

Frühstück

Café im Literaturhaus, Fasanenstraße 23 (Wilmersdorf) – der passende Ort zum Zeitunglesen
Café Einstein Stammhaus, Kurfürstenstraße 58 (Tiergarten) – Frühstücken in der ehemaligen Villa der Schauspielerin Henny Porten
Schoenbrunn am Schwanenteich, im Volkspark Friedrichshain (Friedrichshain) – danach ein Schäferstündchen am Märchenbrunnen
Pasternak, Knaackstraße 22-24 (Prenzlauer Berg) – Russisches Frühstück mit Wodka und Salzgurke und Blick auf den Wasserturm
Hackbarth's, Auguststraße 49a (Mitte) – ein schöner Klassiker
Schwarzes Cafe, Kantstraße 148 (Charlottenburg) – dienstags bis sonntags durchgehend geöffnet mit Frühstück zu jeder Tages- und Nachtzeit
Café Steiner, Motzstraße 30 (Schöneberg) – für Qualitätsbewusste, alles nur vom Allerfeinsten
Café Milagro, Bergmannstraße 12 (Kreuzberg) – zum Frühstück eine kleine Weltreise bis in den späten Nachmittag, das ist Berlin

Imbiss

Konnopkes Imbiss, Schönhauser Allee 44a (Prenzlauer Berg) – wahrscheinlich weltbekannt, die Currywurst mit hauseigenem Ketchup unter dem Magistratsschirm
Suppenkaspar, Stargarder Straße 75 (Prenzlauer Berg) – der Suppenspezialist
Beckers Fritten, Oranienburger Straße 43a (Mitte) – gegenüber dem Künstlerhaus Tacheles werden Fritten noch aus Kartoffeln gemacht, dazu z. B. Erdnuss- oder Chilisauce

Eis

Annamaria, Husemannstraße 14 (Prenzlauer Berg) – das beste Eis und die charmanteste Verkäuferin der Stadt

Kaffee und Kuchen

Sowohlalsauch, Kollwitzstraße 88 (Prenzlauer Berg) – Tortenträume werden wahr
Café Buchwald, Bartningallee 29 (Tiergarten) – Traditionskonditorei mit hauseigener Baumkuchenproduktion seit über 150 Jahren
Kuchen Kaiser, Oranienplatz 11–13 (Kreuzberg) – seit 1866 am Platze, besaß die erste Drehtür in Berlin, wo sich mancher Kunde »festsetzte«
Anna Blume, Kollwitzstraße 83 (Prenzlauer Berg) – hausgemachte Torten und Sträuße

Freiluftsaison

MS Hoppetosse, Restaurantschiff, Eichenstraße 4 (Treptow) – vom Oberdeck den Blick auf die Spree genießen, nachts wird das Schiff zum Club. Ganz in der Nähe: Club der Visionäre, Am Flutgraben 1 (Treptow) und gegenüber Freischwimmer, Vor dem Schlesischen Tor 2a (Kreuzberg) – ehemaliger Bootsverleih, näher ans Wasser geht es nicht
Café am Neuen See, Lichtensteinallee 2 (Tiergarten) – mit Ruderbootverleih für Romantiker
Café Max in der Liebermann Villa am Wannsee, Colomierstraße 3 (Zehlendorf) – Biotorten, Terrasse mit Wannseeblick und dazu Kulturprogramm
Unter www.picknickberlin.de können Kurzentschlossene ihr Wunsch-Picknick ordern, egal ob in den Mauerpark, den Volkspark Friedrichshain, in den Weinberg Park oder nach Hause auf den Teppich, mit und ohne Grill

Biergärten
Prater Biergarten, Restaurant und Hecht Klub, Kastanienallee 7- 9 (Prenzlauer Berg) – seit 1852 geht man hier schwoofen, eine Institution
Pfefferberg Sommergarten, Schönhauser Allee 176 (Prenzlauer Berg) – mit Logenplätzen auf die nächtliche Schönhauser
Schleusenkrug, direkt an der Tiergartenschleuse (Charlottenburg) – Oase im Tiergarten
Historisches Wirtshaus Moorlake, Restaurant und Biergarten, Moorlakeweg 6 (Zehlendorf) – schönes Ziel für Spaziergänge und Dampferfahrt
Heinz Minki, Vor dem Schlesischen Tor 3 (Kreuzberg) – 900 qm idyllischer Garten mitten in der Stadt

Kneipen und Restaurants
Zwiebelfisch, Savignyplatz 7/8 (Charlottenburg) – Westberliner Urgestein
Diener-Tattersall, Grolmannstraße 47 (Charlottenburg) – 1954 übernahm der Boxer Franz Diener die Kneipe und versammelte Berühmtheiten um sich wie Hans Albers und George Grosz
Seeblick, Rykestraße 14 (Prenzlauer Berg) – der Name täuscht, trotzdem ein angenehmer Ort
November, Husemannstraße 15 (Prenzlauer Berg) – man kennt sich seit vielen Jahren
Schusterjunge, Danziger Straße 9 (Prenzlauer Berg) – Berliner Küche satt und pur, Adresse für Touristen und Einheimische
Max und Moritz, Oranienstraße 162 (Kreuzberg) – ein gemütliches Wirtshaus
Zum Nussbaum, Probststraße 6/7 (Mitte) – Zilles Stammkneipe befand sich eigentlich auf der nahen Fischerinsel, wurde 1943 zerstört und 1987 nach alten Fotos originalgetreu im Nikolaiviertel wieder aufgebaut
Zur Letzten Instanz, Waisenstraße 14–16 (Mitte) – das älteste Gasthaus der Stadt und ein Rest Stadtmauer sind bedeutsame Zeugnisse des raren Mittelalters in Berlin
Weltrestaurant Markthalle, Pücklerstraße 34 (Kreuzberg) – schlicht, still und zeitlos
Restaurant im Fernsehturm, Panoramastraße 1a, Alexanderplatz (Mitte) – schöne Aussicht egal zu welcher Tageszeit: in 207 Meter Höhe essen, dabei in 30 Minuten eine Umdrehung fahren
Lubitsch, Bleibtreustraße 47 (Charlottenburg) – elegant und klassisch in feiner Gegend
Theodor Tucher, Schlemmer und Schmöker GmbH, Pariser Platz 6a (Mitte) – gehobene regionale und deutsche Küche, vom hauseigenen Fleischer stammt z.B. die Currywurst
Lochner, Lützowplatz 5 (Tiergarten) – hier kommt unter anderem Fisch aus der Region in die Pfanne für den anspruchsvollen Gast
Wirtshaus Wuppke, Schlüterstraße 21 (Charlottenburg) – fast schon eine Arche Altberliner Kneipenkultur, Rio Reiser soll hier sein Bier getrunken haben
Henne, Leuschnerdamm 25 (Kreuzberg) – Altberliner Restaurant mit Kultcharakter
Ambrosius, Einemstraße 14 (Tiergarten) – bei Deftigem und reichlich Fleischigem mischen sich hier noch Touristen und Stammgäste
Altes Europa, Gipsstraße 11 (Mitte) – beliebtes Lokal nicht nur für Freunde des Bodenständigen
Seidls, Gotenstraße 1 (Schöneberg) – im Keller wird historisch gekegelt und oben traditionell gekocht
Funkturm Restaurant, Messedamm 22 (Charlottenburg) – nach touristischen Streifzügen durch die Stadt gönnt man sich am Abend den entspannten Überblick aufs Ganze
Metzer Eck, Metzer Straße 33 (Prenzlauer Berg) – rustikales und rappelvolles Ecklokal, seit 1913 und vier Generationen in Familienbesitz
Emmas, Heiligegeistkirchplatz 1, nahe Berliner Dom (Mitte) – klar und übersichtlich in Design und Küche, preiswerte saisonale Qualität aus der Region

Schöne Orte mit Programm

Ballhaus Berlin, Chausseestraße 102 (Mitte) – seit über 70 Jahren Kontakte knüpfen per Tischtelefon

Clärchens Ballhaus, Auguststraße 24 (Mitte) – Bälle, Tanzkurse, Sommergarten, Sonntagskonzert im Spiegelsaal

Volksbühne, am Rosa-Luxemburg-Platz (Mitte) – Roter Salon links, Grüner Salon rechts mit Lesungen, Konzerten, Tango- und Salsanächten

Bar jeder Vernunft, Schaperstraße 24, (Wilmersdorf) – die Kleinkunstbühne

Ewige Lampe, Niebuhrstraße 11 (Charlottenburg) – in dieser bescheidenen, aber legendären Berliner Jazzkneipe spielte auch Coco Schumann

Die kleine Philharmonie, Courbièrestraße 13 (Schöneberg) – seit über 50 Jahren kuschlige Bar und Kleinkunstbühne

Yorckschlösschen, Yorckstraße 15 (Kreuzberg) – alte Kreuzberger Livemusikadresse zum Biertrinken und Quatschen

Bars

Neue Odessa Bar, Torstraße 89 (Mitte) – schick

Pony Bar, Alte Schönhauser Straße 44 (Mitte) – im Sommer draußen auf der Tribüne hocken

Haifischbar, Arndtstraße 25 (Kreuzberg) – mit Häppchen den Tag ausklingen lassen

Bar Roberta, Zionskirchstraße 7 (Mitte) – sympathisch

Galerie Bremer, Fasanenstraße 37 (Wilmersdorf) – edel

Ankerklause, Kottbuser Damm 104 (Neukölln) – hipp

Green Door, Winterfeldtstraße 50 (Schöneberg) – mit Klingel

Würgeengel, Dresdner Straße 122 (Kreuzberg) – unaufgeregter Dauerbrenner

Kaffee Burger, Torstraße 60 (Mitte) – Tanzwirtschaft

Rheingold, Novalisstraße 11 (Mitte) – für den Cocktailkenner

Märkte und Markthallen

Kollwitzplatz (Prenzlauer Berg) – samstags 9–16 Uhr, Ökomarkt donnerstags 12 bis 19 Uhr

Winterfeldtplatz (Schöneberg) – mittwochs 8–13 Uhr, samstags 8–16 Uhr

Arnswalder Platz im Bötzowviertel (Prenzlauer Berg) – samstags 9–15 Uhr

Boxhagener Platz (Friedrichshain) – samstags 8–14:30 Uhr

Hier auf den Märkten findet man die sehr empfehlenswerten Produkte der Region, vorwiegend in Bio-Qualität

Markthalle am Marheinekeplatz 15 (Kreuzberg) – frisch saniert, viele Imbisse ökologisch

Arminius-Markthalle, Arminiusstraße 2–4 (Tiergarten) – größte erhaltene Markthalle der Stadt

Läden und Manufakturen

Senfsalon, Hagelberger Straße 46 (Kreuzberg) – Gastro Vision Förderpreis 2006, Senf aus eigener Herstellung von Apfelsenf bis Zarensenf

Blutwurstmanufaktur, Karl-Marx-Platz 9–11 (Neukölln) – zählt zu den besten Fleischereien Deutschlands, Fleischermeister Bense ist »Ritter der Blutwurst«, eine Ehre die u.a. auch Paul Bocuse zu teil wurde

Bonbonmacherei, Oranienburger Straße 32, in den Heckmannhöfen (Mitte) – das Geschäft zeigt in der angeschlossenen Schauküche die Herstellung der Original Berliner Bonbons

int'veld Schokoladen, Dunckerstraße 10 (Prenzlauer Berg) und Auguststraße 26a (Mitte) – Herstellung in der eigenen Manufaktur, es werden Führungen angeboten

Bäcker Lau, Pasteurstraße 32 (Prenzlauer Berg) – einer der letzten Ostschrippenbäcker, stadtbekannt und darum am Samstag lange Schlange

Coledampf's Cultur Centrum, Wörther Straße 39 (Prenzlauer Berg) – schöne und nützliche Küchenutensilien

Kochlust, Alte Schönhauser Straße 36/37 (Mitte) – die kulinarische Buchhandlung und Kochschule

Einhorn Full Service Catering, Speisemanufaktur mit drei Delis z.B. am Wittenbergplatz 5/6 (Schöneberg) – wurde 2008 als erstes Berliner Unternehmen zu einem der besten drei Caterer Deutschlands nominiert

enten und katzen, Winsstraße 58 (Prenzlauer Berg) – wenn mal wieder die Milch alle ist, kann es länger dauern im Bioladen und Kiezbistro

Goldhahn & Sampson, Dunckerstraße 9 (Prenzlauer Berg) – die Kochfreundfundgrube am Helmholtzplatz: Kochbücher, Kochutensilien, Kochkurse und nur wirklich Schönes zum Essen und Trinken, selbst an den Balkongarten wird gedacht

Ausflüge ins Grüne

Ökodorf Brodowin, www.brodowin.de, in der traumhaften Uckermark, mit Hofladen und Lieferservice nach Berlin; das Brodowiner Hoffest ist ein jährliches Ereignis für viele Berliner

Ziegenkäserei Karolinenhof und Ökohof Kuhhorst, www.ziegenkaeserei-karolinenhof.de im Havelland wurden für ihre Produkte schon mehrfach prämiert, im Wiesencafé kann man probieren

Gasthaus Zollbrücke, www.sdz-berlin.de, im Oderbruch, dort wo die Straße endet und die Oder fließt, gibt es frische Luft und frische Fische

Havelinsel Werder, vor den Toren Berlins, seit Jahrhunderten wird hier Obstanbau, Fischerei und sogar Weinanbau betrieben

Ausflugsrestaurant Neuhelgoland, Neuhelgoländer Weg 1 (Köpenick) – bei Sonnenschein mit der Motorfähre der Linie 23 von Rahnsdorf nach Altrahnsdorf zum hauseigenen Anlegesteg und Berliner Weiße trinken

Galopprennbahn Hoppegarten, Goetheallee 1 (15366 Dahlwitz-Hoppegarten) – alte Tribünen und museumsreife Wettschalter, Berliner Originale und Nervenkitzel

Gründerzeitmuseum, Hultschiner Damm 133 (Marzahn) – zur Sammlung gehört die berühmt berüchtigte Mulackritze mit Vereinszimmer und Hurenstube. Charlotte von Mahlsdorf rettete nach der Schließung der letzten »Milljöhkneipe« Berlins 1951 Büffet, Theke und Hungerturm mit einem Handwagen aus der Mulackstraße 15 im Scheunenviertel an den Stadtrand

Bei ww.kalter-hund-manufaktur.de in Friedrichshain werden vorerst berlinweit Kalte Hunde auf Bestellung gefertigt.

Textnachweis

Vorsatz/Nachsatz
Kurt Tucholsky = Theobald Tiger, *Entrée*. Aus: Zirkus Berlin. Bilder Berliner Lebens, Almanach Verlag, Berlin 1919

Geleitwort
Kurt Tucholsky = Ignaz Wrobel, *Berlin! Berlin!* Aus: »Berliner Tageblatt« Nr. 332, Berlin, 21. Juli 1919

Die Rückkehr der Suppenküche
Seite 35: Lina Morgenstern. Aus: Heinz Knobloch (Hg.) – *Die Suppenlina*. Edition Hentrich, Berlin 1997
Seite 44: Joachim Ringelnatz, Ich habe Dich so lieb. Aus: Allerdings, Rowohlt Verlag, Berlin 1928

Berlin am Wasser
Seite 55: Victor Aubertin, *Erste Eindrücke in Berlin*. Aus: Kristalle und Kiesel, Albert Langen/Georg Müller Verlag, München 1930
Seite 59: Erich Mühsam, Schüttelreim auf Postkarte an Erich Ebstein am 15.11.1915. Aus: Helga Döhn (Hg.)
– *Oh säss E. E. in unserer Mitten*. Erich Mühsam an Erich Ebstein. In: Marginalien. Zeitschrift für Buchkunst und Bibliophilie, 120. Heft, Harressowitz Verlag, Wiesbaden 1991/92

Mahlzeit!
Seite 64: Theodor Fontane, *Berliner Ton* (Fragment). Aus: »Vossische Zeitung« Berlin, 25. Juli 1920
Seite 69: Christian Morgenstern, *Drei Hasen*. Aus: Die Schallmühle. Grotesken und Parodien. Nachlese der Galgenpoesie, Piper Verlag, München 1928

Moskau · Warschau · Berlin
Seite 82: Julius Hart, *Auf der Fahrt nach Berlin*. Aus: Moderne Dichter-Charaktere herausgegeben von Wilhelm Arent. Mit Einleitungen von Hermann Conradi und Karl Henckell. Selbstverlag des Herausgebers (In Commission der Kamlahschen Buchhandlung.) – Berlin 1885

Zeit fürs erste Bier!
Seite 95: Julius Rodenberg, *Sonntag vor dem Landsberger Tor*. Aus: Bilder aus dem Berliner Leben. Gebrüder Paetel Verlag, Berlin 1885

Nach janz weit draußen
Seite 106: Maximilian Harden, *Weltstadtkalender Juni*. Aus: »Das humoristische Deutschland«, Illustrierte Monatszeitschrift, IV. Jahrgang, Berlin 1889
Seite 114: Arno Holz, *Frühling*. Aus: Das Buch der Lieder. Lieder eines Modernen, Verlagsmagazin Schabelitz, Zürich 1886
Seite 119: Ernst Kossak, *Vom Wasser*. Aus: Berlin und die Berliner. Verlag Otto Janke, Berlin 1851

Literaten, Torten und Tanz ab fünf
Seite 124: Heinrich Heine, *Briefe aus Berlin*. Aus: Rheinisch-Westfälischer Anzeiger, Dortmund 1822
Seite 132. Edmund Edel, *Die Invasion der Boheme*. Aus: 20 Jahre Café des Westens. Erinnerungen vom Kurfürstendamm. Im Eigenverlag herausgegeben von Ernst Pauly, Berlin 1913/14

Kalte Küche zwischen Mitternacht und Morgengrauen
Seite 150: Christian Morgenstern, *Berlin*. Aus: Melancholie. Verlag Bruno Cassirer, Berlin 1906
Seite 151: Karl Kraus, *Nachts*. Aus: Nachts. Verlag Die Fackel, Wien/Leipzig 1924

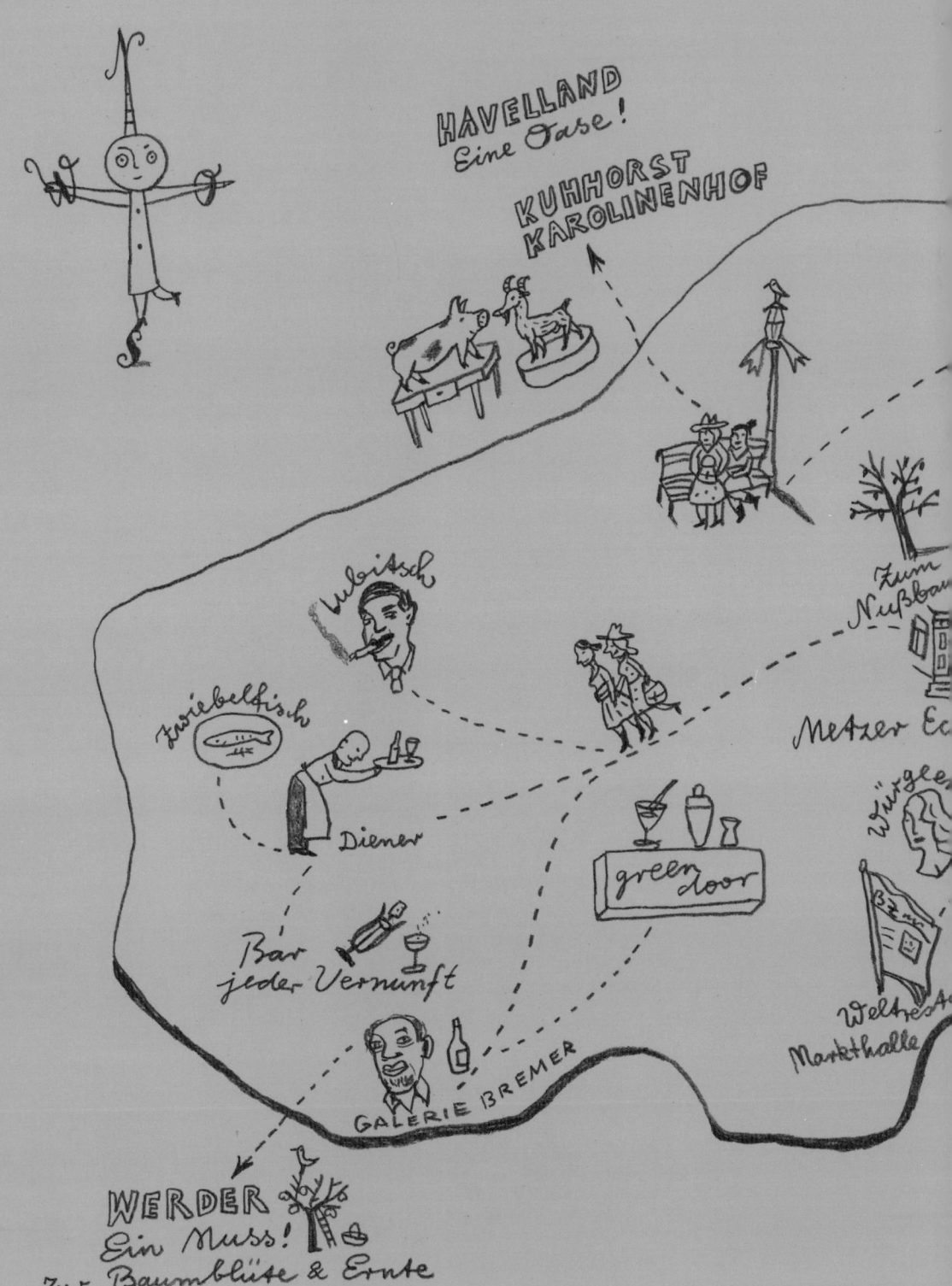